牟世荣◎主编

汉语进修教育研究

第五辑

本成果受北京语言大学院级科研项目（中央高校基本科研业务费专项资金）资助，项目编号为 21YJ010207

中国书籍出版社
China Book Press

图书在版编目（CIP）数据

汉语进修教育研究.第五辑/牟世荣主编.--北京：
中国书籍出版社，2021.12
ISBN 978-7-5068-8826-4

Ⅰ.①汉… Ⅱ.①牟… Ⅲ.①汉语—对外汉语教学—
教学研究—文集 Ⅳ.①H195.3-53

中国版本图书馆CIP数据核字（2021）第232587号

汉语进修教育研究. 第五辑

牟世荣　主编

责任编辑	王志刚　刘　娜	
责任印制	孙马飞　马　芝	
封面设计	中尚图	
出版发行	中国书籍出版社	
地　　址	北京市丰台区三路居路 97 号（邮编：100073）	
电　　话	（010）52257143（总编室）（010）52257140（发行部）	
电子邮箱	eo@chinabp.com.cn	
经　　销	全国新华书店	
印　　刷	天津中印联印务有限公司	
开　　本	710 毫米 × 1000 毫米　1/16	
字　　数	230 千字	
印　　张	13	
版　　次	2021 年 12 月第 1 版　2021 年 12 月第 1 次印刷	
书　　号	ISBN 978-7-5068-8826-4	
定　　价	58.00 元	

编委会

（以音序排列）

郝美玲　何阿珺　李小丽　连　敏

孟艳华　牟世荣　张惠芬　张　军

序 言

北京语言大学汉语进修学院承担来华留学生汉语言进修教育、汉语言专科教育、留学生汉语和中国问题高级研修生教育、港澳地区及海外华人的汉语普通话培训工作，同时承担汉语国际教育、语言学及应用语言学硕士和博士研究生教育。汉语进修学院有着悠久的历史，学院的前身是著名的北京语言学院来华留学生一系、三系。老一辈汉语进修教育开创者在教学体系创建、大纲制定、教学方法和教材编写等方面留下了丰厚的成果和优秀的传统；新一代汉语进修学院教学团队继承传统，开拓创新，推动学院不断发展。

受益于北京语言大学院级科研项目（中央高校基本科研业务费专项资金）稳定而持续的资助，汉语进修学院于2017年开始出版《汉语进修教育研究》系列论文集，每年出版一辑。

本辑论文集为第五辑，共收录14篇论文，主要为学院第十六届科研报告会的优秀论文。其中10篇作者为我院教师，1篇为我院教师与外校教师合作，3篇作者为我院研究生。

本辑收录的论文在内容上涵盖语言本体研究、语言习得研究、汉语国际教育研究、文化文学研究，内容丰富，研究具有相当的深度和广度。

我们诚挚地感谢论文集的各位作者，他们在繁忙的教学和学习之余，潜心研究，辛勤探索，写出了高质量的论文。这些研究对于汉语进修教育的一线教学具有直接的指导和启示作用，将会有力地促进汉语进修教育的发展。

我们诚挚地感谢论文集的评审和编辑委员会的各位专家，他们秉持理论与实践相结合的原则，优选那些来自教学实践、又以解决教学实际问题为目标的论文，确保了本辑中的论文既有理论的深度，又有指导教学实践的价值；

他们为作者们提供了最有价值的修改意见，提高了论文集的质量。

我们还要诚挚地感谢北京语言大学院级科研项目（中央高校基本科研业务费专项资金）经费的支持，感谢中国书籍出版社为我们提供了论文集出版的宝贵机会，感谢本书责任编辑王志刚先生所做的细致的编辑工作。

北京语言大学汉语进修学院

《汉语进修教育研究》编委会

2021年10月12日

目　录

汉语国际教育文学文化研究

汉语言本体研究
及语言习得研究

"预设"与语气副词的语用功能

李　婷^①

提　要　语气副词是副词中比较特殊的一类，掌握起来比较困难，作为话语标记，语气副词的真正价值体现在语用功能上。本文主要探讨"预设"与语气副词语用功能的关系，把语气副词的语用预设分为六类正向预设和五类反向预设，并逐一举例分析。作为本文研究对象的语气副词来源于《汉语水平词汇与汉字等级大纲》和《成功之路》系列教材初级汉语阶段的七本教材，与汉语进修学院的汉语教学工作紧密结合。

关键词　语气副词；预设；《成功之路》教材；初级汉语教学

一、引言

语气副词是为了表达情感和语气的一类副词，是副词中比较独特的一类。我们知道，语言的功能并不只是客观地表达命题，而是"在话语中多多少少含有说话人'自我'的表现成分，在说出一段话的同时表明自己的立场、态度和情感，从而在话语中留下自我的印记"（Lyons，1977）。

---

① 李婷，女，硕士，北京语言大学汉语国际教育学部汉语进修学院讲师。研究方向：汉语国际教育、中华文化推广、应用语言学。

　　语气副词是表示语气和情感范畴的一种重要的语法手段，其语法形式和语法意义与其他副词大为不同。在句法分布上，语气副词不但可以出现在动词、形容词前面，还可以独树一帜地出现在主语的前后，具有很大的灵活性。在语法意义上，语气副词也比较空灵，表示传信、情态、评注、推测等。一般来说，词的功能往往是属于短语、小句层面的，但是语气副词由于其独特的语法形式和语法意义，它的功能多属于句法、篇章层面，是汉语言学习，特别是语段篇章学习中的难点，掌握起来比较困难。

　　越来越多的学者（屈承熹，1991；曹逢甫，1995；谷峰，2012）认识到，仅仅在句法层面上进行描写和分析不能揭示语气副词的真正价值和意义，语气副词是话语标记，它的真正价值体现在语用上。张谊生（2000）认为，语气副词具有突出焦点、指明预设、限定指称的语用功能。谷峰（2012）认为，语气副词的语用功能包括五个方面：连句成篇、约束焦点、触发预设、表达立场情感态度、人际互动。本文主要探讨"预设"与语气副词语用功能的关系。

　　"预设"（presupposition），本来是个逻辑学概念，后来语言学家用语义观重新解释了"预设"（Sllars，1954），现在语言学上所说的预设，通常是指"语用预设"（pragmatic presupposition）。比如有人说"你还住七号楼吗？"，这句话就包含了"你以前住七号楼"这样的预设；"我特别怀念外滩的那家西餐厅。"这句话里就已经包含了"我去过上海（去过外滩）"，"西餐厅不止一家"这些预设的内容。

　　"预设"是发话人为了保证自己话语的合理性，在组织话语的时候对会话双方的背景知识所做的假设。预设是交际双方共知的无争议的信息，如果预设不满足、不准确，语句就显得不恰当、不正确，不宜用来交际（齐春红，2006）。在这种情况下，就会出现类似于"她学习很努力，昨天病了，倒坚持来上课。""老师反复给马丁解释了半天，马丁毕竟明白了。"

这样的错句。第一句的"坚持来上课"是学习努力的表现，而"倒"这个语气副词应该出现在结果相反的情况下，前文预设不准确，可以改成"她学习不努力，昨天病了，倒坚持来上课了。"第二句"毕竟"是一个表示让步转折语义的语气副词，前文预设不满足"毕竟"的语义，可以改成"老师反复给马丁解释了半天，毕竟太难了，马丁还是不明白。"

二、研究对象的来源

《汉语水平词汇与汉字等级大纲》共收词8822个，其中语气副词有90多个，包括：白、白白、必、必定、必将、毕竟、并、不定、不妨、不禁、不料、不免、不由得、不至于、差点儿、凑巧、大大、大约、到底、倒（是）、的确、多亏、反、反倒、反而、反正、非、高低、姑且、果然、还、还是、好容易、好在、何必、何等、或许、几乎、简直、尽管、竟、竟然、究竟、就是、居然、决、可、可巧、恐怕、明明、难道、怕、偏、偏偏、其实、恰好、恰恰、恰巧、千万、且、尚、甚至、势必、说不定、似乎、索性、万万、万一、未必、未免、无从、无非、务必、幸好、幸亏、许、也许、一旦、硬、约、正好、正巧、只得、只好、只能、只是、只有、至于、终、终究、终于、总算、足以、最好等。这些语气副词中既有甲级词、乙级词，也有丙级词、丁级词，也就是说涵盖了初、中、高级不同汉语水平阶段的语气副词。

北京语言大学出版社出版的《成功之路》系列教材初级汉语阶段的七本教材，包括《起步篇1/2》、《顺利篇1/2》、《进步篇1/2/3》。以《汉语水平词汇与汉字等级大纲》的90多个语气副词为依据，在这七本教材中共找到了30多个语气副词，它们分别是：还、当然、还是、正好、只好、最好、差点儿、恐怕、也许、白白、并、不妨、果然、竟然、可、终于、大约、到底、反而、简直、难道、其实、似乎、不由得、倒、的确、几乎、究竟、未必、未免、甚至、只是。可以说，这30多个语气副词就是初级汉语词汇教学阶段的重中之重、难中之难，也是决定学生能否顺利从短语、小句阶段向语段、篇章阶段过渡的关键所在。

表1

教材	《起步1》	《起步2》	《顺利1》	《顺利2》	《进步1》	《进步2》	《进步3》
语气副词	还	还 当然	还是 正好 只好 最好	差点儿 恐怕 也许	白白 并 不妨 果然 竟然 可 终于	大约 到底 反而 简直 难道 其实 似乎	似乎 不由得 倒 的确 几乎 究竟 未必 未免 甚至 只是

三、语气副词的预设分类

大部分语气副词的使用必须存在一个预设，在上文提到的30多个语气副词中，大部分都存在预设的情况。从使用这类语气副词的句子中可以看出，句表的关系常常是由深层的语义决定的，这种深层的语义就表现为预设（presupposition）。比如，汉语中有大量的语气副词过去常常被解释为"强调"的意义，像"确实""的确""实在"等常被认为是对肯定语气的强调，"并"被认为是对否定语气的强调，"到底""究竟"等被认为是对疑问语气的强调。这种解释其实存在很多缺陷，并没有讲清楚为什么要强调，强调什么等更深入的问题。经过分析发现，这些副词常常对前文的语境有一定的要求，这些副词本身并不表示强调，我们所感受到的"强调"其实是这些副词所触发的某一种前文预设与副词所在的语段语义叠加而产生的话语效果。

预设可以表现为显性预设和隐性预设。显性预设就是在上下文语境中已经显现出来的预设。隐性预设包括两种，一种是在上下文语境中没有明显表述出来，但是可以通过上下文语境推断出来的预设，比如"其实他不是中国人。"，这句话的预设可以推断为"我以为他是中国人"或者"他看上去像中国人"；第二种预设是大家都知道的常识，比如"又不是端午节，吃什么粽子？"，这句话的预设是"只有端午节才吃粽子"。

预设的基本结构是"（A）+语气副词+B"，A为某种预设，B为在A预设下由语气副词引导的某种结果、结论、判断、推测等等。根据A和B的语义关系，大致可以分为正向预设和反向预设两大类型，正向预设指A正向推导出B，反向预设指A反向推导出B。

3.1　正向预设

正向预设指前文作为一种预设，正向推导出后文。按照语气副词的语义类别，我把正向预设分为确信预设、揣度预设、递进预设、选择预设、原因预设、条件预设。

确信预设，指预设部分是某种事实或者现象，用语气副词对上述的事实或现象进行证实或者确认。这类语气副词包括当然、的确、可、果然、简直等。

（1）（预设：我是四川人）我**当然**觉得四川菜最好吃。①

（2）（预设）<u>单亲俱乐部为成员提供心理咨询，帮助离异的单亲家庭走出困境，恢复自信</u>，大部分单亲家庭的成员都认为，参加单亲俱乐部**的确**有好处。

（3）我（预设：在俄罗斯生活了很多年）**可**知道俄罗斯的冬天有多冷。

（4）（预设）<u>古时候有一个人喜欢射箭，箭法很准</u>，一天他来到大街上射了几箭，箭法**果然**很准。

（5）那位著名画家（预设：画儿画得好）画的马**简直**像真的一样。

当预设部分是显而易见的常识、事实，预设部分是可以不出现在句子的表层结构中的，比如（1）句，或者预设部分陈述了某种事实、动作、行为、性状等，语气副词对其进行确认，预设部分可以以隐性形式表现，如（3）、（5）句，也可以在上下文中显现出来，如（2）、（4）句。

揣度预设，指预设部分是某种事实或状况，用语气副词对上述的事实或状况进行揣度和推测，语气副词具有或然性、委婉性以及在句中能起到缓和语气的功能。这类语气副词包括恐怕、也许、大约、似乎、差点儿、几乎等。

（6）（预设：你篮球打得最好）咱们班**恐怕**没有人是你的对手。

（7）（预设）<u>胡同一年比一年少</u>，**也许**将来就看不到了。

---

① 本文所列举的语气副词为《成功之路》系列教材前七本书里出现的语气副词，本文所列举的语料来自《成功之路》系列教材，下文凡不注明出处的例句，均来自《成功之路》系列教材。

（8）我觉得女儿（预设：女儿问妈妈去哪儿了）**似乎**感到了什么，该告诉她真相了。

（9）（预设）<u>箱子里装着很多工艺品</u>，**差点儿**就超重了。

（10）他（预设：言行奇怪）**几乎**喝醉了。"

递进预设，指先对某种现象或事实做判断，这种判断常常不需要表现出来，作为预设，然后用语气副词引出极端的假设或情况作为证据，说话者在语义上是更进一步的正向推导。这类语气副词主要有甚至、都、还、也等。

（11）有的离异者（预设：有失败感，特别苦闷），**甚至**对生活失去了信心。

（12）这块大石头（预设：太重了）**甚至**四五个人也搬不动。

（13）（预设：胡同太窄）小车**还**过不去呢，别提大车了。

（14）（预设：今天更冷）昨天穿毛衣**都**冷呢，别提今天了。

选择预设，指先提出两种或两种以上客观的事实或现象，这两种或两种以上客观的事实或现象并不一定在句表表现出来，常常是一种预设，再用语气副词引出主观选择的结果。这类语气副词主要有还是、最好等。

（15）（预设：坐地铁不堵车，坐出租车堵车）**还是**坐地铁去吧。

（16）（预设：我是外国人不会点菜，你是中国人）**还是**你点菜吧。

（17）（预设：有不同性格的语伴）我想找的语伴**最好**性格活泼一点儿。

原因预设，指在前文预设了某种现象和行为，语气副词后表示权衡了前文预设的现象和行为，因果推论后采取了某种行为。这类语气副词主要有只好、只得、正好、不妨等。

（18）（预设：明天要下大雨）运动会**只好**推迟。

（19）同屋每天很晚才睡觉，（预设：他不关灯，我也没办法睡）我**只好**也晚睡晚起了。

（20）（预设1：那家商场的很多东西都在打折）（预设2：今天是周末）我**正好**去逛逛那家商场。

（21）（预设：我说的都是大实话）你们**不妨**回家把这句话说给你们的妻子听听。

条件预设，指预设部分存在两种相关情况，用语气副词引出一种结果，该结果不因前边情况的不同而变化。这类语气副词有"反正"等。

（22）（预设）相信不相信随你，**反正**我都要告诉你。

3.2 反向预设

反向预设指前文作为一种预设，反向或逆向推导出后文。按照语气副词的语义类别，我把反向预设分为确疑预设、反诘预设、委婉预设、比较预设、让步预设。

确疑预设，指预设部分是某种合理的推断或事实，但是却没有出现这种推断或事实，用语气副词对上述未出现的事实或现象进行确认。这类语气副词有并、又等。

（23）大家都哈哈大笑，（预设：小芳也笑了）但是他们发现小芳**并**没
有笑。

（24）妈妈让他吃药，（预设：他把药吃了）但是他**并**没吃药。

反诘预设，指前文提出了某种事实或现象，依据此事实或现象做了预
设，用语气副词采用一种与形式相反的语义反向加强了确认的语气。这类
语气副词有"难道"等。

（25）有的人乞讨是为了骗钱，（预设：你不知道吧？）**难道**你不知
道吗？

（26）这么多活儿，（预设：太累了），老板**难道**想把我们累死不成？

委婉预设，预设提出一种结论或判断，但是说话者比较顾虑对方的感
受，用语气副词来缓和语气，"未X"类语气副词是表"委婉"语气的一类
词语，包括未必、未免等。

（27）单亲生活（预设：不好）对女儿的成长来说，**未必**不会带来负
面的影响。

（28）暂时的分别（预设：不是坏事）对我俩来说**未必**是件坏事。

（29）在中国，人们会认为谈自己的丈夫如何出色，自己的子女多么
聪明（预设：不好）**未免**太想表现自己。

（30）你写的计划书（预设：不好）才一百多字，**未免**太简单了。

（31）这个房间（预设：不好）两个人住**未免**小了一些。

比较预设，主要指根据某种事实或现象假设（预设）了某种结果，而实际却是另一种情况，出现了相反的另一种结果。这类语气副词主要有倒、竟然、反而、偏偏、其实等。

（32）他没吃药（预设：病没好），病**倒**好了。

（33）平时没什么事（预设：不忙），周末**倒**忙起来了。

（34）（预设：雨伞很普通，不会丢）他发现那把雨伞**竟然**丢了。

（35）他埋头苦干了一段时间（预设：取得好成绩），不但没取得什么成绩，**反而**在几个大项目上都失败了。

（36）她吃了减肥药以后（预设：会瘦）**反而**胖了好几斤。

（37）他的汉语说得不错吧？（预设：他学了很长时间汉语）**其实**他才学了半年。

（38）我以为她是中国人（预设：她不是外国人），**其实**她是日本人。

让步预设，这类句式常用"虽然""不管"引出事物的一个方面，这个方面一般就表现为预设，再用语气副词提出事物相互对立的另一个方面，并指出不应该因对立的存在而影响对事物的评价和判断。这类语气副词主要是"毕竟"类语气副词，包括毕竟、到底、究竟、只是等，一般出现在让步转折句中，常和"虽然……但是……"搭配使用。

（39）成绩（预设）<u>虽然说还不理想</u>，但是**到底**进步了。

（40）（预设）<u>虽然说汉语比较复杂</u>，但**究竟**还是有趣的。

（41）这本书（预设）<u>虽然旧</u>，但**毕竟**是珍本。

这类句子必须有前边的让步小句做预设，预设了某种前提和情况，才能正确、准确地理解后半部分的意义，如果在使用此类语气副词时不了解预设的作用，孤立地看后半句，便不能掌握其逻辑语义关系和隐性的语法功能。

四、结语

语气副词庞杂而多变，在初级汉语教学阶段，短短不足一年的时间里，就涌现了30多个语气副词，数量大、难度高，这些语气副词每一个都值得深入探讨，每一个都能难住学生，那么如何让学生有效、准确地掌握这些语气副词的基本用法，我认为可以从预设入手。因为大多数语气副词都存在预设，如果结合预设进行语气副词的教学，会达到事半功倍的效果。分类只是第一步，通过对语气副词触发的预设功能进行分类，可以先基本掌握不同类别的语气副词的语用功能，并可在此基础上举一反三，继续探索语气副词的深层含义。

目前，对语气副词的研究还多局限在单句、复句的层面，多基于句型、语法意义的考察，而缺少关于语气副词的语义背景、语篇衔接作用的研究。我认为，将现代汉语语气副词放在语篇、语用的理论框架中进行探讨和研究，且运用于教学实践中，十分必要。

参考文献

［1］高书贵（2000）"毕竟"类语气副词与预设，《天津大学学报》第6期。

［2］谷峰（2012）汉语语气副词的语用功能研究综述，《汉语学习》第4期

［3］李杰（2007）现代汉语状位语气副词的预设内容，《暨南学报》第5期。

［4］齐春红（2006）对外汉语教学中的语气副词教学研究，《云南师范大学学报》第5期。

［5］齐沪扬（2003）语气副词的语用功能分析，《语言教学与研究》第1期。

［6］国家对外汉语教学领导小组办公室汉语水平考试部编（1992）《汉语水平词汇与汉字等级大纲》，北京语言学院出版社。

附　录

《成功之路·起步篇1 /2》、《成功之路·顺利篇1 /2》、《成功之路·进步篇1/ 2/ 3》语气副词及例句。

1. 还：你还住七号楼吗？

今天比昨天还冷。

2. 当然：我当然觉得四川菜最好吃。

3. 还是：还是你点菜吧。

还是坐地铁去吧。

4. 正好：听说这个商场的很多东西都在打折。今天是周末，正好来逛逛。

5. 只好：我习惯早睡早起，可是同屋每天很晚才睡觉，他不关灯，我也没办法睡，现在我只好晚睡早起了。

6. 最好：我想找的语伴最好性格活泼一点儿。

7. 差点儿：箱子里装着很多工艺品，差点儿就超重了。

8. 恐怕：咱们班恐怕没有人是你的对手。

9. 也许：胡同一年比一年少，也许将来就看不到了。

10. 白白：大禹不想等肉锅冷下来，白白浪费时间。

11. 并：大家都哈哈大笑，但是他们发现小芳并没有笑。

12. 不妨：我说的都是大实话，你们不妨回家把这句话说给你们的妻子听听。

13. 果然：古时候有一个人喜欢射箭，箭法很准，一天他来到大街上射了几箭，箭法果然很准。

14. 竟然：他发现那把特制的雨伞竟然丢了。

15. 可：孔子可是圣人，他的诗你怎么能乱改！

　　我在俄罗斯生活了五六年，我可知道那儿的冬天有多冷。

16. 终于：前几天天气一直不好，今天终于晴了。

17. 大约：老先生用了大约一个星期时间，对养老院进行了考察。

18. 到底：罪犯到底是谁？

　　到底你去还是他去？你们快点儿决定。

　　都这么晚了，你的朋友到底来不来？

19. 反而：他埋头苦干了一段时间，不但没取得什么成绩，反而在几个大项目上都失败了。

　　她吃了减肥药以后不但没瘦，反而胖了好几斤。

　　你这样做，不但不能解决问题，反而会让事情变得更麻烦。

20. 简直：我简直不敢相信。"（他真的是您的亲生儿子吗？）

　　那位著名画家画的马简直像真的一样。

　　今天逛了一天的商场，简直快累死了。

21. 难道：有的人乞讨是为了骗钱。难道你不知道吗？

　　这么多活儿，老板难道想把我们累死不成？

22. 其实：其实在我们的生活中也是如此。

他的汉语说得不错吧？其实他才学了半年。

我以为她是中国人，其实她是日本人。

23. 似乎：我觉得女儿似乎感到了什么，该告诉她真相了。

从表面看，两句话似乎都有责备赞扬者的意味，但实际上是中国人谦虚的一种表现。

24. 不由得：我不知所措地呆坐在街边的长椅上，不由得想起了我的家人。

我被石头绊了一下，不由得叫了一声。

他说得那么诚恳，不由得你不相信。

他这么不讲道理，让你不由得不生气。

25. 倒：没吃药，病倒好了。

平时没什么事，周末倒忙起来了。

这件衣服我穿着倒是合适，就是太贵了。

他来倒是来了，不过来得太晚了。公司已经下班了。

26. 的确：这个电影的确好看，我都看了三遍了。

小王的工作能力的确很强。

27. 几乎：我笑得几乎喷出了嘴里的饭。

他几乎喝醉了。

路上堵车，几乎没赶上火车。

路上堵车，我几乎没迟到。

28. 究竟：中国究竟有多少个姓，至今也没有准确的统计数字。

孩子究竟是孩子，哭了一会儿又高兴起来了。

他究竟是老教师。

29. 未必：单亲生活对女儿的成长来说，未必不会带来负面的影响。

暂时的分别对我俩来说未必是件坏事。

30. 未免：在中国，人们就会认为这样做未免太想表现自己。

你写的计划书才一百多字，未免太简单了。

这个房间两个人住未免小了一些。

31. 只是：我只是穿了一件普通的衣服，算不上好看。

我只是听说，并没有亲眼看见。

他只是想跟你打个招呼，没有别的意思。

北京故宫博物院藏唐《李昱墓志》释文订补①

徐秀兵②

提　要　《故宫博物院藏历代墓志汇编》收录唐《李昱墓志》，所作释文总体可靠，然亦有可商榷之处。本文从汉字形体、结构和职用等多角度考察，对该志释文进行订正和补足，可为文史研究者提供更为精善的文本。

关键词　墓志文本；形体；结构；职用；释文订补

一、引言

墓志兴起于东汉，南北朝时期走向鼎盛，现存墓志实物以隋唐时期居多。新出墓志因其文本用字的保真性，具有证史补史等多方面价值，近年来成为文史研究的热点之一。

北京故宫博物院所藏墓志均为新中国以来收得，包括中原地区出土的历代石刻墓志和新疆地区出土的高昌砖志两大类，总计近400方。郭玉海等主编《故宫博物院藏历代墓志汇编》（以下简称《故藏》）是对故宫博物院所藏墓志集中著录、整理的重要成果。《故藏》共计三册，主要以志主

①　本文为北京市社会科学基金项目青年项目"京津冀新出墓志文本汉字职用研究"
（18YYC020）的阶段性成果。
②　徐秀兵，男，博士，北京语言大学汉语国际教育学部汉语进修学院副教授。研究方向：
近代汉字"形构用"考察、跨文化汉字汉语教学等。

卒葬时间为序，将释文与图版同册接排。

　　《李昼墓志》（原拓见图1）为《故藏》著录的第174方墓志，来源为1956年文物局拨交北京大学文物。据《故藏》介绍，该志材料为青石，高、宽均为49厘米，西安出土，属清朝大臣、金石学家端方（1861—1911）旧藏。该志埋葬于唐大中十年（856）六月，志主李昼系唐敬宗长庆、宝历间宰相李程之孙，武宁节度使李廓之子。清人编《全唐诗》录李昼《戏酬张鲁封》七绝一首："秋浦亚卿颜叔子，谯都中宪老桑门。如今柳巷通车马，唯恐他时立棘垣。"①可见，对于文史研究而言，《李昼墓志》具有重要的史料价值。

图1　唐《李昼墓志》拓片②

① 见《全唐诗》卷三十二，清光绪十三年（丁亥）上海同文书局石印版。
② 见郭玉海等主编（2010：393）。

二、《李昼墓志》释文质疑

《李昼墓志》志文字体为楷书，共30行，计800余字。《故藏》原释文为通用简化字，今迻录如下（"/"表示墓志文在此处另起一行，"□"表示该处空缺一字）：

唐故万年县尉直弘文馆李君墓志铭/

再从叔朝议郎行殿中侍御史分司东都庚撰并书/

古人以生有淑德，殁及后嗣，故曰积善余庆，虔旨斯言。庚季父程，当/长庆、宝历之间，谋谟于庙堂之上，辅弼皇化，纪在图谍，出领巨藩，/洪大懿绩，于家孝理，于国尽忠，当是时，功德貌具，与裴晋公齐名，人到于/今称之。昼即其孙也。为儿童时，爱玩笔砚，才年十二三，通两经书，就试春官，帖/义如格，遂擢第焉。色无纤介喜，白于师曰：某于礼部见进士者所试艺，亦可以/效之，愿求古文，换其业，且三数年，冀其有得。师奇其言，遍告诸长，及闻于/翁，翁时为尚书左仆射，爱尚其志，抚背以勉之，且戒曰：文宜根六籍，赋不事巧/尔，鸡鸣而起，孜孜不堕，业三年有成。昼乃积学基身，含章雅质，不四、三年，文成/大轴，赋亦浏亮，未贡举，为时辈所瞻，待泪即试于春官，名声大振，巉然锋见。年/廿九，登上第，其明年冬，以博学宏词科为敕头，又明年春，授秘书省校/书郎。今中山郑公涯为山南西道节度时，以君座主孙熟闻其圭行，/愿置于宾筵，奏章请试本官充职。未几，丁家祸，持丧于洛汭，至性毁哀，为/亲族敬。三年服除，大梁率刘公八座辟为掌书记，改试协律郎，每成奏记，/公曰愈我头风，宰相崔公器之。大中八年，擢授万年尉，直弘文馆。方将清/选以列朝班，公议叶谐，谏宪为望。昼立性绵密，雅尚词章，常所著文成廿/卷，自曰为金门小集。无何，嗜酌饮，人有挈瓶就之者，必对酌吟笑，百无所系，素/业荡空，亦不为念也。九年冬，一旦被疮痏，虽甚痛而酌醴不辍，竟殒芳年。呜呼，/□玉沉珠，奸良共叹，以吾季父之德，亦宜享遐龄，绍继光业，今也/若此，其如命何！曾祖鹅，尚书虞部员外，赠司徒；王父，东都留守，检校司徒，赠太/保。皇考廓，徐州节度使，以仁惠诚信，均一戎行，有大刀长戟之众，撰直于衙曰，/冀群湿，不喜平施之化，乘酒而訾訾，势不克弭，遂避之。朝廷以失守连为/澧唐典午。君乃长子也，娶韦氏女为妇。妇即伯舅玫之子，今牧坊州。太夫人念/其孝敬，哭恸伤心，抚视稚孙，若不胜苦。有子男六人，女二人，其季男曰八翁山，/韦氏出。君字贞曜，享年卅八。呜呼惜哉！大中十年夏六月将葬于先人/之殡侧，其弟弘举、玄玉等泣以请铭，予与弘文同道者，尝有阮巷之欢，遂**规**□/官序，以述其三代，固非文也，强为铭以识之。铭曰：/

颜子不天年，仲尼为之恸；吾家千里驹，悲哉遽大梦；/呜呼将窆，风凄蒿垄；下安玉堂，铭于幽塚。①

上引《故藏》所作《李昼墓志》释文总体可靠，然亦有扞格不通之处。因此，我们试图从形体、结构和职用等多角度考察，对该志释文进行订正和补充，以期为文史研究者提供更为精善的文本。

三、《李昼墓志》释文订补

3.1 貌—完①

"功德貌具"之"貌"原拓作"▨"。按："貌具"不辞，应释作"完"。《说文·皃部》："皃，颂仪也。从人，白象人面形。""颂"即"容貌"义之本字。"皃"为《说文》部首，清陈昌治刻本《说文》字头楷定作"皃"，正篆作"▨"，籀文作"▨"，"▨"即今通用字"貌"之形体来源。《故藏》之所以释"▨"作"貌"，盖以"▨"为记录"容貌"义之本字"皃"，复将"皃"转换为今通用字"貌"。

我们认为，《李昼墓志》之"▨"并非"貌"之异构字，而是"完"之异写字。唐颜真卿书《干禄字书》湖州刻本有"▨、▨"二形，标注为"上俗下正"，是其证。中古墓志亦有"▨、▨"异写的用字事实。北魏李璧墓志（520）："与为连和，规借完典。"②唐杨仲雅墓志（818）："桂株折枝，文星不完。"上引墓志文本中两个"完"字原拓分别作"▨、▨"之形。

在中古碑刻中，形体源于篆书"▨"且记录"容貌"义的"皃"字多写作"皀"或近似之形。如北魏元玭妻穆玉容墓志（519）："绮皃虚腴，妍姿晻暧，溢媚纤腰，丰肌弱骨。"北魏元谭妻司马氏墓志（523）："动皃无亏，发言斯正，乃贞乃洁，如淄如镜。"北齐常文贵墓志（571）："虽

---

① 标题"貌—完"中"—"前为《故藏》误释或未释字，"—"后为笔者订补字，下同，不再出注。

② 本文所引墓志文本及字形图版出自《故宫博物院藏历代墓志汇编》《北京图书馆藏历代石刻拓本汇编》《新中国出土墓志》等墓志著录文献，为行文简便，不一一注明出处，下同。

光兒西垂，东神莫转，至皇建元年，复赠青州乐安郡太守。"隋段威墓志（595）："公襟神早异，体兒不恒，俶傥出俗士之规，恢廓有丈夫之操。"上引四句墓志文例中表"容貌"义的"兒"字分作"㿝、㿝、㿝、㿝"，因汉字"区别律"的要求，"兒"字部件"白"下作"匕"形或近似之形，而不作"儿"形，力避整字与"完"字混同。

从记录职能看，"完""全"二字意义相近，在《说文》说解中形成互训关系。古汉语中，"完具"与"全具"为同义语，指完全、具备，如《周礼·地官·牧人》"凡祭祀，共其牺牲"，汉郑玄注："牺牲，毛羽完具也。"《汉书·王莽传下》："府藏完具，独未央宫烧攻莽三日，死则案堵复故。"《周易·系辞》："古者包牺氏之王天下也。"郑玄注："鸟兽全具曰牺。"《左传·桓公六年》："吾牲牷肥腯，粢盛丰备。"汉杜预注："牲，牛羊豕也；牷，纯色完全也。"唐孔颖达《正义》："牷谓纯色完全，言毛体全具也。""功德全具"说的是墓主"功""德"兼备，文通字顺。

3.2 圭—往

"闻其圭行"之"圭"原拓作"㺭"。此字残泐较重，不易辨识。从平面布局看，该字为左右结构，殆《故藏》据字形轮廓、笔形组合将其释为"珪"，复将"珪"认同为《说文》正篆之隶定形"圭"[①]。按："圭行"不辞，应释为"往"。

"往行"表过往之行或往贤之行，已见于先秦文献。《易·大畜》："君

---

① 《说文·土部》："圭，瑞玉也。上圜下方。公执桓圭，九寸；侯执信圭，伯执躬圭，皆七寸；子执谷璧，男执蒲璧，皆五寸。以封诸侯。从重土。楚爵有执圭。珪，古文圭从玉。"

子以多识前言往行，以畜其德。"《礼记·曾子立事》："言必有主，行必有法，亲人必有方。"郑玄注："《文王官人法》曰：'推其往行，以揆其来言，听其来言，以省其往行。'"中古墓志亦不乏用例。北魏元纂墓志（525）："勒铭玄石，以颂往行。"唐李弘亮墓志（819）："公之介弟曰弘立，以在原之切，状其往行，见托词寮，虑桑海推变，后嗣无仰，愿志前烈，垂馨墓门。"

"往"字《说文》正篆作"𢔶"。《彳部》："往，之也。从彳，坒声。"篆书部件"坒"（古文"封"之省体）经过演化，在楷书中每作"生""主"之形。前述元纂墓志、李弘亮墓志中"以颂往行""状其往行"之"往"字分作"𢔶、往"之形，隋智永墨迹本《千字文》"寒来暑往"、唐欧阳询《九成宫碑》"可作鉴于既往"之"往"字分作"𢔶、往"之形，《李昼墓志》"往"字与之形体相类，释作"往"字，形义皆安。

3.3　曰—目

"自曰为金门小集"之"曰"原拓作"目"。按：从形体特点和记录职能看，"目"应释为"目"。

《李昼墓志》中"曰"字共出现六次，我们将其连同上字之原拓，按在志文中的先后顺序同比例排列（如表1所示），以显示其形体特点。不难发现，六个"曰"字的外部轮廓均明显小于其上文之字。而"目"字非但不小于其上文的"自"字，且明显大于同篇内其他"曰"字之形。可见，释"目"为"曰"，从形体角度解释不通。

表1 《李昼墓志》"曰"及相关字形比较

序号	1	2	3	4	5	6	7
释文	故曰	师曰	戒曰	衙曰	男曰	铭曰	自?
图版							

古汉语中，"目"字可记录名目、名称义。《后汉书·王吉传》："凡杀人皆磔尸车上，随其罪目，宣示县属。""目"亦可作动词，意为"为……命名"。唐李冲昭《南岳小录》自序："冲昭弱年悟道，近岁依师，泊临岳门，频访灵迹，唯求古来旧记，希穷胜异之事，莫之有者，咸云兵火之后，其文散失。遂遍阅古碑及《衡山图经》《湘中说》，仍致诘于师资长者，岳下耆年，或得一事，旋贮箧笥。今据所得，上自五峰三涧，古来宫观药院，至于历代得道飞升之流，灵异之端，撮而直书，总成一卷，目为《南岳小录》。庶道侣游山，得之彼览，粗知灵迹之所自云。时壬戌岁冬十月序。"[1]序中"总成一卷，目为《南岳小录》"与《李昼墓志》"常所著文成廿卷……为《金门小集》"句式极其相似，释"目"为"目"当为定谳。

3.4 酌—酎

"嗜酌饮"之"酌"原拓作"酎"。按：从形体特点和记录职能看，"酎"应释为"酎"。

"酌""酎"均为《说文·酉部》字，"酉"即古"酒"字[2]，"酌""酎"均与饮酒有关。古汉语中，"酎饮/饮酎""酌饮/勺饮"皆有用例。

---

① 清四库全书影印本。

② 见章太炎（2010：615）"酉""酒"两条笔记。

"酎"是饮反复多次酿成、酒精度高的醇酒。依照古礼，四月"饮酎"于朝以正尊卑。《礼记·月令·孟夏之月》："是月也，天子饮酎，用礼乐。"注："酎之言醇也，谓重酿之酒也。春酒至此始成，与群臣以礼乐饮之于朝，正尊卑也。"屈原《楚辞·招魂》："酎饮尽欢，乐先故些。"

"酌饮"意为挹取而饮之，"酌"时亦作"勺"。《左传·成公十四年》："冬十月，卫定公卒，夫人姜氏既哭而息，见大子之不哀也，不内酌饮。"《左传·定公四年》："申包胥如秦乞师……立依于庭墙而哭，日夜不绝声，勺饮不入口七日。"

中古墓志亦见"酌饮/勺饮"用例。唐张府君妻田雁门县君墓志（691）："哀子承家等悲缠扣地，殆莫能兴，痛贯扪天，杖而后起，一溢之礼，不逾酌饮，三年之丧，情过泣血。"唐严复墓志（757）："二年春，寇党平殄，讣至洛阳，冯翊仰天而呼，勺饮不入。"

将《李昼墓志》之"**酎**"释为"酌"，似亦可通。我们认为，从形体特点、记录职能角度综合考察，宜释作"酎"。

《李昼墓志》下文两次出现"酌"（对酌吟笑、酌醴不辍），两个"酌"字的形体与"**酎**"存在区别性差异。我们将"酌"等字连同其上字或下字之原拓，按在志文中的先后顺序排列（如表2所示），以显示其字形特点。从平面布局看，"**酎**"为左右结构，左部为"酉"，右侧部件"**丨**"似有残泐。单就形体特征而言，"**丨**"似"勺"而右上角有突出的竖画，亦似"寸"而左上角多出撇画，其究竟为何种部件，难以遽断。因此，我们采用校勘学的"内证法"，对比本墓志中相关单字或部件形体试作判定。"对酌""酌醴"之"酌"分作"**酌**、**酌**"之形，声符"勺"分作"**勺**、**勺**"之形，其第二笔横折钩"乛"在收笔处表现为左向的大回环。"对酌"之"对（**对**）"右侧部件为"寸"，其第二笔竖钩"亅"收笔处表现为左向的小弧度硬钩。"**酎**"之右侧更近"寸"形。因此，从形体角度看，释"**酎**"

为"酎"更佳。

表2 《李昼墓志》"酎"相关字形比较

序号	1	2	3
释文	？饮	对酌	酌醴
图版			

从词义特点看，释""为"酎"符合事理，文意协恰。《李昼墓志》后文曰："九年冬，一旦被疮痏，虽甚痛而酌醴不辍，竟殒芳年。""酌醴不辍"之"醴"为薄酒，与前文之"酎"在词义上恰恰形成对立。《说文·酉部》："醴，酒一宿孰也。从酉豊声。"又："酎，三重醇酒也，从酉从时省，《明堂月令》曰：'孟秋天子饮酎。'"[1] 墓主李昼先前嗜饮醇厚之"酎"酒，而"一旦被疮痏"，身体"甚痛"，不堪"酎饮"，转而饮用酒度较低的"醴"酒，然终因饮酒伤身，"竟殒芳年"。日本的酿酒术源自中国，当用日语中有汉字词"烧酎"，意为多次复酿、酒度极高的烈酒，仍保留"酎"之本义。

3.5 □—缕

"□官序"之"□"原拓作""，《故藏》未释。按：此字残泐过甚，仅存上部些微笔画，今据形体特点及记录职能释为"缕"。

《故藏》将""上之"（觊）"释为左"尔"右"见"的类推简化字"觊"。《说文·见部》："觊，好视也。从见谒声。"段玉裁注："《女部》

---

[1] 段玉裁注："从酉，肘省声。各本作从时省，误。纣饤篆皆曰肘省声。今据正。"

曰：'嫡，顺也。'覶与嫡义近。《玉篇》曰：'覶缕，委曲也。'古书亦作
'覶缕'，详言之意。"由段注知，"覶"为"覶"之异构字，"覶缕"已见
于南朝梁顾野王所编字书《玉篇》。

《说文·糸部》："缕，线也。从糸娄声。""缕"即丝线，具有外形纤
细的特征，可形容剖解、分析的细致程度，如"条分缕析"等。如段氏所
言，因"覶"有"理顺"之意义特征，故"覶缕"可记录委曲、详尽义，
以及委曲陈述、详述义①。汉王延寿《王孙赋》："忽踊逸而轻迅，羌难得而
覶缕。"章樵注："覶缕，委曲也。"唐刘知几《史通·叙事》："夫叙事之体，
其流甚多，非复片言所能覶缕。"唐柳宗元《寄许京兆孟容书》："虽欲秉
笔覶缕……不能成章。"

"▓"字左上部的首笔与第二笔均为撇折，隐约可见；右上部笔形组
合为"肀"，尚且留存。综合形体特点及上下文意，可推知"▓"左右两
侧部件分别为意符"纟"与声符"娄"，整字为"缕"。隋杜君妻郑善妃墓
志（617）："絺组为模，针缕成咏。"唐徐峤墓志（741）："丝纤组紃，彩
就雕缕，凡曰女工之妙，自然造微。"以上二处墓志文本用例中"缕"字
分别作"▓、▓"之形，可兹比勘。唐孙过庭墨迹本草书《书谱》："加以
糜蠹不传，搜秘将尽。偶逢缄赏，时亦罕窥，优劣纷纭，殆难覶缕。""覶
缕"二字作"▓、▓"。今通用简化字"缕"即由"▓"字形体"草书楷化"
而来。

---

① 参何九盈等主编（2017：3765）。

四、结语

墓志是石刻文献之大宗，具有多方面的研究价值。利用墓志文献进行文史研究，首先要获取真实可靠的文本。本文从形体、结构和职用等角度，对《李昼墓志》五处释文进行订正和补足，较之《故藏》原释文更为精善。

根据不同的研究旨趣，出土实物汉字材料的整理可分为三大类，即文物整理、文本整理和文字整理。（李运富2012：93）文史研究者出于不同的研究需要，选取墓志文献作为研究资料，对释文的要求也不尽一致。《故藏》以通行简化字释文，对墓志文本用字进行了繁简转换，给文史研究者带来一定程度的阅读便利，同时又掩盖了汉字史上的诸多用字现象。拿"萬""万"二字来说，在中古墓志中二字均为高频字，在记录数词时往往混用不别，但作为地名用字则不然，如"萬年县"绝不以"万"替换，此类用字现象折射出中华民族在地名用字方面特殊的文化心理，《故藏》将墓志文本中的"萬"均转换为"万"，则使墓志原拓蕴含的人文信息有所损失。再如，《故藏》将墓志文本中的"徧從稱於"等字分别转换为"遍从称于"，属于对出土汉字材料的文本整理，但不敷汉字职用研究之需。

我们认为，对于墓志文本汉字的整理，应依据汉字形体学、构形学和职用学等基础理论，建立墓志文本字料库，对文本用字从形体、结构和职用三个角度进行属性标注，在此基础上可以对墓志实物文字进行多标准的释文，并建立墓志文本语料库，从而推动石刻文献及文字的多维考察和综合阐释，并满足文史研究者的多元需求。

参考文献

［1］程荣（2015）地名用字规范问题研究——兼谈地名用字难点问题在辞书中的处理，《辞书研究》第6期。

［2］郭玉海、方斌主编（2010）《故宫博物院藏历代墓志汇编》，北京：紫禁城出版社。

［3］汉·许慎（1963）《说文解字》，北京：中华书局。

［4］何九盈、王宁、董琨主编（2017）《辞源（第三版）》，北京：商务印书馆。

［5］李运富（2012）《汉字学新论》，北京：北京师范大学出版社。

［6］清·段玉裁（1988）《说文解字注》，上海：上海古籍出版社。

［7］王宁（2015）《汉字构形学导论》，北京：商务印书馆。

［8］章太炎（2010）《章太炎说文解字授课笔记》，北京：中华书局。

［9］周绍良主编（1992）《唐代墓志汇编》，上海：上海古籍出版社。

会意字的多维表义方式
——以"具""料"为例

张熙昌[①]

提 要 本文对"具"和"料"所表示的不同意义与两字字形之间的关系进行了分析，指出"具"和"料"的部分意义是由全部构字部件共同会意而成，部分意义则仅与部分构字部件的意义直接相关。由此可知，会意字的表义方式有两种：一是构字部件"共同会意"，二是部分构字部件单独表义。会意字的表义以共同会意为主。

关键词 具；料；会意字；表义方式

一、缘起

一般认为，会意字的字义是由构成会意字的所有构字部件共同会意出来的。比如"休"字，从人从木，以人和木两个部件共同会意出"人在树下休息"的字义。可见，"休"的休息义与"休"字的两个部件的意义都直接相关，每个部件对于会意字"休"所表示的休息义的生成至关重要，

---

① 张熙昌，男，北京语言大学汉语国际教育学部汉语进修学院讲师。研究兴趣：汉字及对外汉语教学。

缺一不可。这应该是绝大多数会意字的表义方式。

但是，当会意字可表示多种意义时，其所表示的这些意义与会意字字形之间的关系又如何呢？为了回答这个问题，本文尝试以"具""料"两个会意字为例，分析会意字字形与其所表示的意义之间的关系，试图揭示表示多种意义的会意字的表义方式。

二、"具"表义方式分析

在现代汉语中，"具"的意义是比较丰富的，《现代汉语词典》收录了以下六种意义[①]。

具[1]：（名词、量词）

❶用具：农~|文~|家~|雨~|卧~|餐~。

❷〈书〉才干；才能：才~|干城之~（捍卫国家的将才）。

❸〈书〉用于棺材、尸体和某些器物：座钟一~

具[2]：（动词）

❹具有：~备|初~规模|略~轮廓。

❺〈书〉备；办：~呈|敬~菲酌。

❻〈书〉陈述；写出：~名|条~时弊

根据意义间联系，"具"所表示的这六种意义，可以归纳为以下ABCD四组，即A组：❶❷；B组：❸；C组；❹；D组：❺❻。根据意义产生的先后顺序可依次排列为"D组：❺❻——C组：❹——A组：❶❷——B组：❸"。下面我们就从"具"的形义关系角度，按照产生的

---

① 如果无特殊说明，本文所引用的字义均出自《现代汉语词典（第七版）》。

先后顺序，对"具"的这六个意义逐一加以分析。

除了以上意义外，"具"在古代汉语中还常用作范围副词，表示总括义"全都"；还可作为形容词，表示"完备、详尽"等义。"具"的这两个意义①在古汉语中很常用，且非常具有代表性。我们认为有必要与《现汉》收录的意义一并加以讨论，这样才能把"具"的形义关系比较全面地展现出来。

2.1 "具"的"备办"义

D组：❺〈书〉备；办：~呈|敬~菲酌。❻〈书〉陈述；写出：~名|条~时弊|略~轮廓。

《字源》(P203)："具，会意字。《说文》：'具，共置也。从廾，从貝省。古以貝爲货。'甲骨文和金文中的大多数字形都是双手捧鼎的样子。鼎是烹饪器兼作食器。《说文》所说的'共置'应为'供置'，就是备办酒食的意思。《汉书·灌夫传》'请语魏其具，将军旦日蚤临'中的'具'正是用其本义。'具'的词义本是指备办酒食这种行为，兼括动作与对象宾语。在具体的使用中，可以专指酒食。《战国策·齐策四》：'食以草具。'又可引申为酒食之外的'备办'。《左传·隐公元年》：'缮甲兵，具卒乘。'"

由《字源》可知，"具"的"备办"义与其"从鼎从廾"的字形密切相关。"具"的本义是指备办酒食这种行为，如例（1），进而引申为酒食之外的"备办"，如例（2）（3）。这与《现代汉语词典》所列❺相同。

---

① 本文中的这两种字义选取自《汉语大词典》。

（1）故人**具**鸡黍。（唐·孟浩然《过故人庄》）

（2）修槽轒辒（fén wēn），**具**器械，三月而后成。（《孙子·谋攻》）

（3）此印者才毕，则第二板已**具**。（宋·沈括《梦溪笔谈·活板》）

从❺可知，"双手捧鼎"可以会意"备办酒食"之义，也可以理解为"敬献酒食"或是"提供酒食"。也就是说，"具"既可以表示"备办"义，又可以表示"敬献""提供"义。比如，"具名"就是提供名字的意思，而提供名字的方式可以是写出名字或者说出名字，于是"具"就有了写出或者说出的意思。

也就是说，如果备办或者提供的是书信、文件、案卷之类，则此时"备办"可以具体化为"陈述"或者"写出"义。可见，❻"陈述；写出"义其实是词义相对宽泛的❺"备办"义的具体细化义。这也解释了为什么"具状"有"备办词状"和"写状子"两种含义的原因。

（4）李**具状**求在狱。（清·方苞《狱中杂记》）

2.2 "具"的"具有"义

C组：❹具有：~备|初~规模|略~轮廓。

具，从鼎从廾，甲骨文和金文中的大多数字形都是双手捧鼎的样子。当一个人双手捧着鼎，或者捧着任何东西的时候，也可以理解为这个人拥有这个东西，于是"具"就有了"拥有"的意思。如：

（5）古者诸侯出疆，必**具**官以从，请具左右司马。（《史记·孔子

世家》）

（6）各具情态。（明·魏学洢《核舟记》）

其实无论是"备办酒食"还是"提供酒食"都是以"拥有酒食"为前提的，假如没有酒食又何谈备办酒食和提供酒食呢？在现代汉语中，"拥有"义已经成了"具"的常用义，除了"具有""具备"等常用词以外，像"别具一格""独具匠心"等成语也十分常用。

从前面的分析可知，无论是❹"具有"义，还是❺"备办"义和❻"陈述；写出"义，都是由"具"的两个构字部件"鼎"和"廾"共同作用的结果，两个构字部件在"具"表义过程中缺一不可，而且发挥的作用等量齐观，没有孰重孰轻之分。这是大多数会意字表义的共同特点。

2.3 "具"的"用具"义

A组：❶用具：农~|文~|家~|雨~|卧~|餐~。❷〈书〉才干；才能：才~|干城之~（捍卫国家的将才）。

具，从鼎从廾。❶的"用具"义可以做两种解释：一种是将"用具"义看作是两个构字部件共同会意的结果，即也源自"双手捧鼎"的形象，但是词义的重点不在双手，而是在于鼎，理解为"用双手捧着的鼎"，这里"鼎"是中心语，而"用双手捧着的"作为限制成分。第二种解释是把"用具"义直接看作是"鼎"的引申义，即"用具"义只与"鼎"有关系，而与"廾"没有直接关系。因为鼎本来就是一个烹饪器或者食器，之所以能表示"用具"义是词义扩大的结果：即从一种器具扩大为一般器具，比如餐具、卧具、家具等。

❷ "才干，才能"义也与"具"的构字部件"鼎"密切相关。鼎，除了作为盛煮器以外，还可以置于宗庙作铭记功绩的礼器。古代视"鼎"为立国的重器，是政权的象征，比如问鼎、定鼎中原。"鼎"还可以指帝王，比如鼎命（帝王之位）、鼎业（帝王的大业）；还可以指三公、宰辅、重臣之位，比如鼎辅（三公，宰辅）、鼎司（三公的职位）、鼎台（宰辅大臣）、鼎臣（指宰相）等。而"具"的"才干；才能"义正是从鼎所象征的"帝王、重臣"义引申而来的，因为帝王、重臣都是富有非凡才干和才能的人物，他们是才干和才能的代名词。如：

（7）贾谊、亚夫之徒，皆信命世之才，抱将相之**具**。（《文选·李陵·答苏武书》）

（8）当今廊庙**具**，构厦岂云缺。（唐·杜甫《自京赴奉先县咏怀五百字》）

2.4 "具"的量词义

B组：❸〈书〉用于棺材、尸体和某些器物：座钟一～

鼎的形状或圆或方，且体量一般都比较大，比较重，鼎的这种器形与大体量的特征与使用"具"作为量词的物体，比如座钟、棺材或者尸体有比较高的相似度。所以"具"作为量词，应该与"鼎"有密切的关系。

由上述分析可知，❶"用具"义是由"鼎"的词义范围扩大而来，❷"才干；才能"义是从"鼎"的象征义引申而来。❸量词义也与"鼎"的特征有关系。以上的三个义项可以看作是与两个构字部件"鼎"和"廾"都有关系，也可以直接看作是只与"鼎"有关系，而与"廾"没有直接的关系。虽然第一种解释看起来也是讲得通的，但是显得有些穿凿迂曲，而第二种解释则更直接更明显。所以相较于第一种解释，第二种解释的优势是显而易见的。

2.5 "具"的"完备；详尽"义

"具"的"完备；详尽"义与其本义"备办酒食"密切相关，是形容备办的酒食的丰富程度，各种需要的酒食均已具备，即"完备"；后又由此进一步发展为"详尽"义。如：

（9）良乃入，具告沛公。（《史记·项羽本纪》）

2.6 "具"的总括义

《汉语大词典》：假借为"俱"。都；全。

"具"，从鼎从廾。"廾"为两手相合之形，所以可以表示"共同""一起"，作为范围副词使用时，即可随文释义为"都"。也就是说，"具"所表示的"全都"义是由"共同"或"一起"虚化而来。"具"的"全都"义也可理解为源于形容词"完备"义。这也就是说，"具"的"全都"义可能有两个意义来源。后来人们之所以又造了"俱"来专门表示这个意思，不过是词义分化之后人们希望用不同的汉字加以区分罢了。很明显，"俱"是"具"的后起字，表示的是"具"的分化义。如：

（10）赫赫师尹，民具尔瞻。（《诗·小雅·节南山》）

（11）谋之其臧，则**具**是违；谋之不臧，则**具**是依。（《荀子·修身》）

（12）问所从来，**具**答之。（晋·陶渊明《桃花源记》）

（13）政通人和，百废**具**兴。（宋·范仲淹《岳阳楼记》）

（14）私见张良，具告以事，欲呼张良与**俱**去，曰："毋从**俱**死也。"
（《史记·项羽本纪》）

从例句（9）与（14）可知，《史记》中"具"与"俱"已经分化："具"表示"完备；详尽"；而"俱"则表示"都；全"。

由上可知，《说文》认为"具，共置也"是对的，因为"具"的构字部件"廾"含有"共"的意思。而"具"的"完备，详尽"义与"全都"义均与"具""从鼎从廾"的字形密切相关。后世之所以认为"共"应为"供"，是因为在传统观念里，会意字的字义应该是全部构字部件共同会意的结果：用"双手捧鼎"以示"供"（提供、敬献）。

综上所述，"具"的各意义与其字形"从鼎从廾"的关系存在差异。即："具"的动词义"备办；具有；陈述，写出"和形容词义"完备；详尽"与其字形"鼎""廾"均有直接关系；名词义"用具；才干，才能"和量词义"用于棺材、尸体和某些器物"仅与字形"鼎"密切相关，而与"廾"无关；副词义"全都"可能有两种意义来源，若源于"共同"义，则该义仅与字形"廾"有关，若源于形容词义"完备"，则该义与字形"鼎""廾"均有关系。

三、"料"表义方式分析

在现代汉语中，"料"的字义也是比较丰富的，《现代汉语词典》也收录了六种意义。

料¹：❶预料；料想：～事如神|不出所～|～不到他会来。

❷照看；管理：照～|～理。

料²：❸（～儿）材料；原料：木～|燃～|布～|加～|备～|资～◇他是块运动员的好～。

❹喂牲口用的谷物：草～|～豆儿|多给牲口加点～。

❺用于中医配制丸药，处方规定剂量的全份为一料：配一～药。

❻过去计算木材的单位，两端截面是一平方尺，长足七尺的木材叫一料。

根据意义之间的联系，"料"所表示的这六种意义，可以归纳为以下4组，即A组：❶；B组：❷；C组❸❹；D组：❺❻。

除此以外，"料"还可表示"处理；安排""选择""对抗；抵挡"等动词义，详见《汉语大词典》。为了全面地揭示"料"的形义关系，我们将对上面所列的"料"的每一种意义逐一加以分析。

3.1 "料"的动词义

3.1.1 "料"的"预料；料想"义

A组：❶预料；料想。

《字源》（P1243）"料，会意字。《说文》：'料，量也。从斗，米在其中。读若辽。'段玉裁注：'量者，称轻重也。称其轻重曰量，称其多少曰料，其义一也。'"可见，料，从米从斗，以"以斗量米"来会意"称量"，如例（15）；从"称量"引申为"计算"，如例（16）；从"计算"引申为推算、估计、揣度、猜想，即❶"预料；料想"义。如例（17）。如：

（15）尝为季氏吏，**料**量平（称量得很公平）。(《史记·孔子世家》)

（16）**料**多少，计贵贱，以其所有，易其所无。(《管子·小匡》)

（17）大王自**料**，勇悍仁强，孰与项王？(《史记·淮阳侯列传》)

其他相关词语还包括料度、料量、料及、料想、料定、料知、料得、料猜等，除了料想、料定等少数词语以外，大部分词语在现代汉语中都已很少使用。

3.1.2 "料"的"照看；管理"义

B组：❷照看；管理：照～｜～理。

3.1.2.1 "照看"义

由上可知，"料"以"米在斗中"来会意"称量"。从表面上看来，"称量"与"照看"看似大相径庭，然而设身处地地想象一下就不难发现，其实二者之间的联系是显而易见的：度量本身是离不开仔细"观察"的，在用"斗"称量"米"的过程中，为了保证米的质量和称量的准确性，验看、监督绝对是必须的。在汉语中，"打量"的意思就是"从上到下，仔仔细细地观察，不疏忽地看；观察（人的衣着外貌），并对其做出评价"。张舜徽先生认为"料、量双声，语之转耳"，既然"量"有"看"义，那么"料"有"看"义也就不足为奇了，所以在现代汉语中，才有了"照料"与"照看""照顾"互相替代的现象。

"料"所包含的"看"义，使得"料"很早就与同义或者近义的语素构成并列关系的复合词，比如"料视""料理"等。如：

（18）人有诣祖（祖士少），见**料视**财物。(刘义庆《世说新语·雅量》)

（19）将家属来者，使就**料视**。(《三国志·吴志·陆逊传》)

"料视"在例（18）表示清点、查看；在例（19）表示照料。

（20）汝若为选官，当好**料理**此人。（《世說新語·德行》）

"料理"在例（20）表示照顾。

3.1.2.2　"料"的"管理"义

《汉语大词典》收录有"料吏"一词，意为"管理胥吏"。如：

（21）对酒坊**料吏**，为官亦典衣。（唐·周贺《赠李主簿》）

其实，所谓"料吏"就是对官员进行衡量、进行监督，目的在于考核、管理官吏。此时"料"的"称量"义就发展为"管理"义，也就是说，"料"的"管理"义是从"称量"义引申而来。

3.1.3　"料"的"处理；安排"义

"料"还可表示"处理；安排"义。"料"的"处理；安排"义也是从"称量"义引申而来的：由"称量"引申为"推算、估计、揣度"，再由"推算、估计、揣度"引申为"筹划、谋划、规划"，而"筹划、谋划、规划"又可以概括为"处理和安排"，这正是"料理家务""料理后事""料理自己的生活"中"料"的字义。

3.1.4　"料"的"选择"义

《汉语大词典》还收录有"料人"一词，意为"选择人才"。如：

（22）愿闻治兵、**料人**、固国之道。(《吴子·图国》)

所谓"料人"就是对人进行衡量，进行考察，目的在于甄别、遴选人才，此时"料"的"称量"义就发展为"选择"义。也就是说，"料"的"选择"义也是从"称量"义引申而来的。

在古汉语中，其他相关词语还包括料取（选取）、料选（挑选；拣选）、料择（选择）、料拣（选择，拣择）等。

3.1.5 "料"的"对抗；抵挡"义

"料"的"对抗；抵挡"义应该也源自"称量"义：从"称量"引申为"推算、预料"，再从"推算、预料"引申为"应对、谋划"，最后从"应对、谋划"引申为"对抗；抵挡"。如：

（23）马腾可料诸葛，马超可**料**关公，马岱可敌张飞。(《三国志平话（卷下）》)

（24）以少击众，以智**料**愚，鼓角不惊，而梯冲自陨，人愿为用，寇不敢前。(元稹《授牛元翼成德军节度使制》)

从上述分析可知，"料"的动词义都是从"称量"引申而来。之所以被解释为不同的意义，是因为人们在面对"以斗量米"这一事件时，由于观察的角度和关注的重心不同，人们便有了多维度的理解，对"料"赋予了不同的含义。

3.2 "料"的名词义

C组：❸（~儿）材料；原料：木~|燃~|布~|加~|备~|资~；❹喂
　　牲口用的谷物：草~|~豆儿。

清徐灏对"料"之所以有名词性的物品义是这样解释的："料量多少
为用，因之有物料之称。"（《说文解字注笺》，13742）这种解释是有其合
理性的。

"料"的"粮食"义，可以理解为"米"和"斗"共同会意产生的，
但二者的关系不再是"以斗量米"，而是"斗中之米"，此时"斗"不再作
为度量粮食的衡器使用。"斗中之米"的"米"是字义的中心，"斗"则是
限制成分。"料"的"粮食"义也可以直接看作来自"米"，而与"斗"没
有直接的关系。

在古代，官员的俸禄多以米的形式发放或者计量，所以"料"作为物
品，最初往往指的是给官员的俸禄。如：

（25）立仗马食三品**料**，一鸣辄斥去。（《唐书·李林甫传》）

（26）公事闲忙同少尹，**料**钱多少敌尚书。（白居易《送陕州王司马建
　　　赴任》）

古汉语中，其他常用的词语还有俸料（俸禄和料钱的合称）、料食
（犹俸禄）、粮料使（唐官名，掌管供应军饷、粮草）、食料、课料、禄料、
厨料等。

后来，"料"的意义进一步扩大，从作为官员的俸禄和补贴的粮食扩
大到喂牲畜的饲草或者谷物，比如马料、草料、饲料，即❹"喂牲口用的

谷物"；从其他可以食用的东西，比如佐料、调料扩大到等生产、生活中使用的物品，比如材料、资料、毛料等，即❸"材料；原料"。如：

（27）伏见储君**料物**，翻少魏王，陛下非所以爱子也。（唐·刘肃《大唐新语·知微》）

3.3 "料"的量词义

"料"的量词义，可以看成"米""斗"共同会意的结果，即"一斗米的量"，也可以看作直接来自"斗"，而与"米"没有直接的关系。因为"斗"本身就是量器，所以用"料"作为量词应该是顺理成章的。"料"开始应该作为计量粮食多少的量词，后来扩大到作为计量一般物品多少的量词。在《汉语大词典》中收录了五种作为量词的情况：①物的分剂，以一定数量的物品为一计算单位，称为一料。宋·王应麟《玉海·兵制·刀》："乾道元年，命军器所造雁翎刀，以三千柄为一料。"②用于中医配制丸药，处方规定剂量的全份为一料。即上文❺。③犹遍（一料即一遍）。④容量单位。一料等于一石。⑤过去计算木料的单位。即上文❻。

综上所述，"料"的名词义与量词义与字形的关系有别。对于"料"的名词义，《说文解字注》认为是"引申之，凡所量度豫备之物曰料。"徐灏段注笺："料量多少为用，因之有物料之称。"可见"料"的"物品"义可以直接看作源自"米"，而与"斗"没有直接关系。而"料"的"量词（计量单位）"义可以直接看作源自"斗"，而与"米"没有直接的关系。

3.4 "料"动词义和名词义出现的先后

由上可知,"料"既可表动词义,也可表名词义,那么这两种意义在产生的时间上孰先孰后呢?《说文》对"料"的释义中只有动词义"量也",而没有提到名词义。而《字源》认为"料字最早产生于春秋时代,但量字已见于甲骨文和西周金文,也许料字是从量字分化出来的字"。

会意是为了补救象形和指事的局限而创造出来的造字方法。也就是说,会意字产生的初衷是为了表示一种抽象而复杂的概念,而不是构成会意字的某个独体字部件所表示的相对简单的概念。由此可以推知,会意字的动词义应该是较早产生的意义,而名词义应该是后起的。

为了验证这个结论是否正确,我们对"料"在CCL语料库的古汉语中的用例进行了统计和分析,考察的结果是:"料"最早出现于春秋时期文献中,在春秋、战国、西汉、东汉的文献中共有59个用例,除1例(强台者,南望料山)作为地名使用以外,其他无一例外都是动词性用法。如:

(28)善攻者料众以攻众,料食以攻食,料备以攻备。(《管子·霸言》)

"料"的名词性用法在唐代开始大规模出现。在唐代文献中,"料"的用例总共有331个,其中名词性用法的占相当一部分,比如俸料(58例)、料钱(50例)、食料(24例)等,而且"料"的名词性用法中绝大部分都指的是作为官员俸禄和补贴的粮食。

四、结语

一般认为会意字所表示的意义应该是全部构字部件共同会意的结果。但根据上文分析可知，有些会意字所表示的意义（如"具""料"）并不是全部构字部件意义共同构成的，而只与部分构字部件的意义相关。也就是说，会意字所表示的意义都蕴含在字形之中，但这一字形既可能是全部的构字部件，也可能是部分构字部件。"具"的动词义来自全部的构字部件"鼎"和"廾"，而"具"的名词义主要来自"鼎"，而副词义主要来自"廾"。"料"的动词义来自全部的构字部件"米"和"斗"，而其名词义主要来自"米"，其量词义主要来自"斗"。

参考文献

［1］汉语大词典编辑委员会等（1997）《汉语大词典》（第1版），上海：汉语大词典出版社等。

［2］李学勤主编（2012）《字源》（第1版），天津：天津古籍出版社；沈阳：辽宁人民出版社。

［3］中国社会科学院语言研究所词典编辑室（2016）《现代汉语词典（第7版）》，北京：商务印书馆。

论介词"自"和"从"的语体差异[①]

冯耀艺[②]

提　要　介词"自"和"从"作为一对均具"起始义"的同义介词，不仅在语法意义和形式上略有不同，在语体色彩上也存在差异，"自"属于正式体，正式度较高，"从"属于通用体，正式度较低。本文在前人研究的基础上进一步分析了造成二者语体差异的原因：（1）语法化过程中使用频率的差异；（2）介词框架中由时空义素差异导致的时空度的不同。

关键词　介词框架；语体；语法化；时空度

一、引言

在现代汉语中，有一组特殊的同义单音节介词："自"和"从"。二者均可用于表起点，在某一历史阶段，均为高频词，出现双音化和语法化的趋势。作为同一语法范畴中的个体成员，介词"自"和"从"具有家族相似性，而在使用过程中，二者存在一定的差别，如语法形式的功能差异以

---

① 本文为北京语言大学研究生创新基金（中央高校基本科研业务费专项资金）项目成果，项目批准号：21YCX103。
② 冯耀艺，北京语言大学汉语国际教育学部汉语进修学院硕士研究生在读。研究方向：语体语法。

及语法意义的细微差别。不仅如此，这两个介词还存在语体差异："自"多用于书面语，具有正式体特征；"从"既可以用于书面语，也可以用于口语，属于通用体，正式度较低。

关于此类介词，不少学者对其进行了相关研究。陈昌来（2002）对位于动词后的介词进行了考察，认为"自"是典型的文言介词，"从"是"自"的非文言同义介词，二者均不能出现在动词后面，都能与表示"时间、处所"的词语搭配。同时，介词"自"可以和"上"组合成框式介词"自……上"，其表示"经由"的用法已经消失。李眉（2005）从语义和句法的角度对介词"自"和"从"进行了对比分析，认为"从"的使用较为灵活，而"自"具有文言色彩。王鸿滨（2007）从历时的角度，在描写和统计的基础上，指出表示处所、时间起点的"自"和"从"在发展上具有不平衡性，同时还证明"从"代替"自"萌芽于上古晚期。刘瑞红（2008）运用认知语言学的理论分析了起点介词"自""从"的语法化演变进程，考察了二者在语法、语义、语用方面的差异性；王用源（2014）通过对《太平经》"从"和"自"的介词用法及其框架结构的考察，认为二者分工明确，介词"从"的使用频率远远高于介词"自"，二者的介词框架结构使用情况具有较大差异。荆国芳（2016）在语料库中运用定性分析和定量分析相结合的方法对这两个介词进行了多角度辨析，揭示了其在语义、语法和语用上的异同。

整体而言，关于这一组介词的研究，无论是从共时的角度还是从历时的角度，均已臻完善，且语料的分析和挖掘也比较透彻，主要从两方面进行：一是从句法、语义、语用这三个平面对二者进行辨析；二是从历时的角度分析二者的语法化演变过程。当前研究的不足之处在于对于介词"自"和"从"的语体考察不多，大多为表面现象的描写，并未分析造成语体差异的原因。因此，本文将在前人研究的基础上，对介词"自"和

"从"的语体差异及其产生原因进行相应的分析。

二、介词"自"和"从"的语体差异

语体差异要在语言的使用中得以见之，因此在考察二者语体差异之前，我们先来看一下"自"和"从"在句法、语义、语用上有何不同。

2.1　介词"自"和"从"的句法、语义、语用差异

《现代汉语大词典》（第6版）对介词"自"和"从"用法的解释为：

自<介>：从；由，将。

从<介>：起于，"从……"，表示"拿……做起点"；表示经过，用在表示处所的词语前面；表示依据。

吕叔湘主编的《现代汉语八百词》对二者的解释分别是：

自<介>从。用于书面，1.表示处所的起点。跟处所词语、方位词语组合。

2.表示时间的起点，跟名词、动词、小句组合。

从<介>　1.表示起点时，常和"到、往、向"等词连用。

2.表示经过的路线、场所时，与处所词语、方位词语连用。

3.表示凭借、根据，时常和名词连用。

因此，从以上释义来看，二者均具表示"起点"的语义，但是"从"除了可以表示起点，还可以表示"依据、凭借、经过"等语义，这是"自"所不具备的。同时，在表示起点义时，二者也有细微差异。接下来，我们将在前人对二者语义辨析的基础上，结合相关用例，介绍二者在使用上的不同之处。

2.1.1 介词"从"的用法①

A.表示起点

a.表处所起点

（1）他［从］蒸锅里抓出一个热馒头塞到了我的手里。

b.表示时间起点

（2）［从］6月下旬，山东大众日报社、《青年记者》杂志社等新闻单
　　　位和企业，联合举办"青年记者十佳""新闻编辑十佳"评选。

c.表示发展变化的起点

（3）这样，才能［从］无［到］有，［从］少［到］多，从冷落走向
　　　活跃，从贫穷趋于富足。

---

① 本文例句均来自北京语言大学 BCC 语料库。

d.范围变化的起点

（4）在我们的旅行期间，遇到了各种各样的问题，［从］新中国的经济建设、文字改革、人口问题一直到无痛分娩法的实验效果。

B.表示来源

（5）一个人的经验，如果没有科学地加以总结的时候，就是他［从］实践［中］得到的对于外界事物的感性认识。

介引成分是指人名词或人称代词时，后面加上"这儿"或"那儿"使名词处所化。

（6）张勇［从］书记［那儿］回来，见火堆边坐着万小五、李照、医生父女和任兴隆，还有一些别个小组里的同志。

C.表示经过的路线、场所

（7）何守正［从］铁钟底下走过去，牵着蜜色的骡子，摇着脑袋，向前方走远了。

D.凭借、依据

介词"从"通常与"认识、懂得、感觉、体会"等词语连用，表示一种揣测、推断的依据。此外，还发展出"从……上""从……来看"等结构。

2.1.2 介词"自"的用法

荆国芳（2016）考察了语料库中介词"自"和"从"的使用，认为"自"主要介引时间名词，几乎占所有介引成分的一半。"自"介引的其他成分数量极少，如处所名词、动词短语、代词、小句等。当"自"介引动词短语和小句时，虽然动词短语和小句用于表述一个事件，其中实则隐含一个时间点，"自+X"指的就是"在X之后"，"自此"指在代词所代事件发生之后，均为介引时间名词用法的延伸。作为表示"起点"义的介词，"自"也可以表示处所、时间等起点，如：

A.表示处所起点

（8）这天晚上，[自]饭店回来[后]，范芳便疲倦地睡倒了。

B.表示时间起点

（9）据公安红桥分局统计，[自]3月1日[至今]，共发刑事案件43起，比去年同期下降了4.4％。

C.表示方向的起点

（10）自上而下、自东向西

同时，"自"还可以表示来源，不过在表示来源时，在句中通常以补语形式①出现，如：

（11）音乐应该成为舞者［发自］内心深处的呼声。

（12）晶莹剔透的钻石，大多产［自］不起眼的矿石［中］。

总之，在"自"和"从"的现代汉语用法中，介词"自"的形式较为固定。例如"自此、自今/古、自古及今、自昔到今、自古以来、自此以后、自古/始……至今、自……以来/之后、自……至……"等。"自"多用于介引时间名词，除了在法律、条例、规定中介引表示现在或将来的时间名词，其他基本都介引表示过去的时间名词。与"自"相比，"从"的用法更为丰富，"从"既可以用来介引时间起点、空间起点，也可以介引发展变化的起点、范围变化的起点、判断的依据或凭借、来源或来由、经过点或经过路线等。

2.2 介词"自"和"从"的语体差异

关于二者的语体特征，《现代汉语八百词》指出"自"用于书面语，刘瑞红（2008）指出"自"多用于书面语，"从"则口语、书面语都常用；荆国芳（2016）通过语料库考察发现"自"基本都出现在正式语体中，比如出现在《人民日报》《光明日报》《中国青年报》等，很少出现于口语中。同时，冯胜利（2015）提出了两种语体鉴定标准，即"交际中的时空和语法中的时空"，其中，交际中的时空对语体的鉴定更为直接，包括"人、

---

① 这里的"来自""产自"的用法大多已经凝固成词，跟下文提到的介词框架有所不同，因此在考察两类介词框架时暂时忽略此类现象。

事、地、意"，即"看那个句子是谁说的、说给谁的（人）、说的是什么内容（事）、在什么场合说的（地），听说者的态度如何（意）。有了这个四维坐标，任何表达（词、词组、短语、句子或更大的单位）的"体"，就大体可定了"。

总之，在现代汉语中，口语交流不断发展，书面语介词"自"逐渐淡出了历史舞台，使用频率越来越低，仅在公文、新闻报道、文章等正式的语言场合才会出现。介词"从"因为自身的灵活性，在现代汉语使用中出现频率很高，可以出现在多种场合，能够满足人们介词使用的基本需求。

三、造成"自"和"从"语体差异的原因

3.1 介词框架中由时空义素差异导致的时空度的不同

有关"介词框架"的概念，陈昌来（2002）指出，在现代汉语中，介词在前，其他词语在后，介词所介引的对象被夹在中间，形成一个框架，我们称之为介词框架。介词是介词框架的前部，与介词相搭配的其他词语是介词框架的后部，介词框架结构其实反映的是介词的句法组合能力。

关于时空义素以及时空度的概念，冯胜利（2010、2013）、王永娜（2012）均对此做出详细说明。我们需要明确这样一对概念，即"具时空化"和"泛时空化"。口语非正式语体的特征为具时空化，即"使用语言系统中的时间和空间的语法标记"；书面语正式语体的特征为泛时空化，即"削弱或去掉具体事物、事件或动作中的时间和空间语法标记"。此后，冯胜利、刘丽媛（2020）将此类现象概括为"时空律"这种语距定律，即：时空标记越少，或具有时空要素的语言单位所含"时空素"越少，则

越正式，反之亦然。对于这种定律的理解既可以是"语法时空别体"（王永娜、冯胜利2015）如：

非正式体：昨天我们已经买了这本书了。* 昨天我们已经买这书。

正式体：昨日我们已购此书。　　　　* 昨日我们已购了此本书了。

也可以是"时空义素别体"如：

挖白薯 vs.* 挖掘白薯。

|挖|[口]=［用工具或手+从物体的表面+向里+用力+取出+东西］义素集合；

|挖掘|[正]=［从里面+取出+东西］义素集合。

对于这一对介词，我们主要是从时空义素别体的角度进行考察。胡彩敏（2008）通过考察现代汉语语料发现，介词"从"构成的框架类型最多，内容最丰富，而近义介词"自"构成的框架没有"从"字框架那么丰富多样。二者在构成框架类型时仍有差异，主要表现在构成框架的类型、数量上的不同。具体情况可见表1：

表1 "自"和"从"介词框架对比表（转引自胡彩敏2008）

框架类型	从	自
介词+X+方位词	从……上	
	从……中	
	从……下	
	从……内	
	从……里	
	从……前	
	从……以后	自……以后
	从……以来	自……以来
	从……之间	
	从……起	自……起

续表

框架类型	从	自
介词+X+名词	从……时候	
	从……方面	
	从……角度	
介词+X+连词	从……而	
介词+X+介词	从……到	自……到
	从……至	
	从……向	自……向
	从……往	
介词+X+准助词	从……来看	自……来看
	从……来讲	
	从……来说	

通过上表可以看出，"从"字框架的类型最复杂，种类最齐全。在介词"自"构成框架中，当关联成分R为方位词"上、中、下、内、里、前、之间"和名词"方面、时候、角度"时一般不可以构成介词框架。同时，胡彩敏（2008）通过语料库考察发现，在这五类"从"字框架中，其中第一类"'从'＋方位词"占有绝对的优势，出现频率最高，占总数的78.8%。这就意味着，大多数可以出现在"从"字框架中的成分不能出现在"自"字框架中的。例如：

（13）［从］12号下午5点不知不觉地睡［到］13号的现在……我承认我真的困了、累了、倦了。

（14）九州布丁涨价了，三个一条，［从］9.9涨［到］了12块。

（15）去年8月，古翠路北延伸段登云路开通，从这条路进入杭城，没有检查通行证的关卡，因此以大货车为主的大量外地车辆［从］

02省道［下来］，走的就是天目山路延伸段—文华路—登云路路线。

（16）当晚，他回到家中，［从］父母房［内］"偷"来房产证，急匆匆地跑到一家房产中介公司，欲以17万元的价格将自家的房子售出。

（17）驻浙江金华某部参谋孟祥斌，为挽救一名素不相识的轻生女子，［从］10多米高的桥上跃入冰冷的江水［中］营救，女子获救，他却献出了宝贵的生命。

（18）现在绝大部分品牌的月饼供应充裕，需要的话可通过正常途径购买，现在有的假月饼预订券制作得几可乱真，外行人通常很难识别，千万不要贪图便宜［从］"黄牛"手［里］买，一不小心就可能上当。

首先，从时空义素的种类来看，介词"自"和"从"所关涉的时空义素的种类和数量不同，具体情况可见表2：

表2 介词"自"和"从"的时空义素分布

	时间起点	空间起点	发展变化起点	范围起点	来源、来由	经过点	依据、凭借
从	+	+	+	+	+	+	+
自	+	+	−	−	+	+	

通过表2可以得知，介词"从"所关涉的时空义素的种类更加丰富，如表示发展变化的起点"从无到有、从贫穷到富贵、从陌生到熟悉、从840亿美元跌落到650亿美元"，表示范围的起点"从思考到写作""从新中国的经济建设、人口问题一直到无痛分娩法的实验效果"，这些例句里的"从"如果换成"自"，虽然不能说完全不合法，但是人们的接受程度显然

不如"从"高。因此，由于介词"自"关涉的时空义素数量较少，因而正式度更高。

同时，结合表1再来看，正是由于表1中两类介词框架的不同，才导致了介词框架中能否插入的成分不同，最终造成二者时空度的差异，所以表1中介词框架的不同实乃介词"自"和"从"的时空义素分布差异的体现。即使同样都介引时间或空间起点，它们表现出来的时空度也是不一样的。例如同样介引空间起点，"从蒸笼里拿出包子、从凳子上跳下来、从口袋中掏出铅笔、从口腔内取出异物、从床底下钻出来"等，介词"从"介引的处所可以是非常具体的地点，而在以上例句中，若使用"自"则不那么上口。

另外，从语法时空的角度来看，介词"从"可以跟时体助词"了"连用，如"我从学校回来了"，但是介词"自"却不可以。因此从语法时空的角度看，介词"从"具有"具时空化"的特征，正式度较低，而"自"则具有"泛时空化"的特征，正式度较高。

总而言之，无论是从时空义素的角度还是语法时空的角度，介词"从"的框架在时空上都更加具体，具有"具时空化"的特征，而"自"则具有"泛时空化"的特征，因此时空度的不同造成了二者的语体差异。

3.2 语法化过程中使用频率的不同

汉语学界对介词"从"和"自"的研究有不少是从历时的角度进行的，如王鸿斌（2007）、刘瑞红（2008）、王用源（2014）等。"从""自"的介词用法可追溯到甲骨文。从甲骨文、金文时期一直到汉代之前，"从"字的介词用法发生了较大变化，但"从"的介词用例相对较少，使用频率一直非常低。而汉代是"从""自"历时演变和更替的重要阶段，王用源（2014）考察了东汉《太平经》介词"从""自"及其框架结构的用法，结果发现，到东汉时期的《太平经》，"自"的介词功能大幅萎缩，大部分功能被"从"所取代。西汉的《史记》、东汉的《论衡》书面性质可能较强，而东汉的《太平经》为了宣扬道教教义，采用神仙真人对话的形式汇集而成，其中包含了很多口语成分。到了现代汉语中，不论是在书面语还是在口头语中，介词"从"在使用中已基本取代了"自"，成为专职表示起点的介词，除了一些固定说法如"出自""来自""取自"等等。

总体来看，介词"从"的使用频率自东汉开始逐渐提高，"自"的使用频率逐渐降低。根据冯胜利、刘丽媛（2020）提出的"高频致俗律"，即"语言单位的使用频率越高，越口语"，随着"从"使用频率的增加，越来越为大众所知，其口语化程度也逐渐提高。而介词"自"的发展则较为停滞，依然停留在书面语阶段，所以其口语化程度较低。由此可见，使用频率的高低也是造成二者语体差异的原因之一。

四、结语

综上所述，同义介词"自"和"从"存在着语体上的差异，介词"自"属于书面语体，正式度高，"从"属于通用语体，正式度较低。传统的词汇、语义、语用理论均不能解释"自""从"出现这种差异的原因，因此本文基于语体语法理论框架，对造成二者语体不同的原因进行了分析，主要原因有二：其一，"从"所构成的介词框架可容纳更多的时空义素，具有具时空性特征，正式度较低，"自"构成的介词框架可容纳的时空义素较少，具有泛时空性特征，正式度较高；其二，由于介词"从"在发展历程中使用频率逐渐增加，因而口语性更强，"自"使用频率较低，发展缓慢，更具书面语色彩。

参考文献

［1］陈昌来（2002）现代汉语介词的内部差异及其影响，《上海师范大学学报（哲学社会科学版）》第5期。

［2］冯胜利、刘丽媛（2020）论语体语法的生物原理与生成机制，《民俗典籍文字研究》第2期。

［3］冯胜利（2006）《汉语书面用语初编》，北京：北京语言大学出版社。

［4］冯胜利（2010）论语体的机制及其语法属性，《中国语文》第5期。

［5］冯胜利（2015）语体语法的逻辑体系及语体特征的鉴定，《汉语应用语言学研究》第4辑。

［6］胡彩敏（2009）"从"字结构和"从"字框架的构成，《绍兴文理学院学报（哲学社会科学版）》第6期。

［7］荆国芳（2016）近义介词"自"和"从"基于语料库的辨析，《唐山师范学院学报》第4期。

［8］吕叔湘（1999）《现代汉语八百词（增订本）》，北京：商务印书馆。

［9］吕叔湘、王海棻（2005）《〈马氏文通〉读本》，上海：上海教育出版社。

［10］刘瑞红（2008）介词"自"和"从"历时比较简析，《北京教育学院学报》第2期。

［11］王永娜、冯胜利（2015）论"当""在"的语体差异——兼谈具时空、泛时空与超时空的语体属性，《世界汉语教学》第3期。

［12］王永娜（2012）非计量"一+量词"语法功能与语体构成机制，《汉语学习》第6期。

［13］伍海燕（2015）《介词"自""从""自从"比较研究》，南京林业大学硕士学位论文。

［14］王鸿滨（2007）介词"自/从"历时考，《上海师范大学学报（哲学社会科学版）》第1期。

［15］王用源（2014）《太平经》"从、自"的介词用法及其框架结构比较,《天津大学学报（社会科学版）》第6期。

［16］邢相文（2013）介词"自""从""打"的语法化,《延边大学学报（社会科学版）》第5期。

莒南方言特殊程度副词及其类型学意义 ①

莫永茹②

提 要 莒南方言里有若干能加在性质形容词之前作状语的程度副词，本文对其中富有特色并为当地人高频使用的7个程度副词进行了语义、语法、语用方面精细地分析，发现了其中的类型学意义，并考察莒南方言中其他程度副词进一步印证了我们得出的结论。

关键词 程度副词；重叠；胶辽官话；北方官话；类型学

一、引言

朱德熙先生在《语法讲义》中说过："不同的程度副词，除了语义上表示的程度有差别外，语法功能也不完全一样。"本文的研究对象为山东省莒南方言中特殊的程度副词。根据《中国语言地图集》（1987），莒南方言属于带有胶辽官话性质的北方官话。此方言区已有研究集中在对副词的研究，而其中最多的就是程度副词的研究，这表明该方言区的程度副词是

---

① 本文部分内容曾在"第七届韵律语法研究国际研讨会"（ICPG7）上宣读，感谢王丽娟、庄会彬、朱赛萍等学者提出的宝贵意见，文中谬误概由作者负责。
② 莫永茹，北京语言大学汉语国际教育学部汉语进修学院硕士研究生在读。研究领域：国际中文教育、汉语语体语法。

富有特色的。本文在对莒南方言中7个特殊的程度副词进行详细描写之后，发现了一定的类型学意义，并通过考察莒南方言中其他的程度副词进一步印证了得出的结论。

现代胶辽官话及北方官话中程度副词的研究成果多为学者们对其母方言中程度副词的描写，以市级或者县级为单位，比如在对临沂（明茂修，2007；康茂林，2012）、青州（郝静芳，2014）、即墨（于文文，2019）、嘉祥（刘丽，2014）、沂水（荣伟，2014）、沂南（李延梅，2020）等地的程度副词的描写中，都或多或少地对本文将要讨论语言现象进行了描写。

二、莒南方言中特殊的程度副词及其特殊用法

2.1 前加程度副词"精"[tsiŋ214]①加深"量小"的程度

莒南方言中表示量小的性质形容词与普通话类似，比如"窄""小""浅""近"等；"精"是莒南方言中高频使用的程度副词，经常用在上述表示量小的性质形容词前作状语，构成"精A儿②"的句法形式，表示量小程度的加深。

2.1.1 程度副词与形容词搭配的"精A儿"

（1）她精瘦儿，一瞅就不好是吃饭。

---

① 莒南方言有4个单字调：阴平［214］、阳平［53］、上声［55］、去声［312］。
② 本文"儿"下标表示形容词可以加儿化音，也可以不加儿化音；如果形容词后的"儿"未设置下标格式，则表示该处形容词必须儿化。（"的""了"与此同）

（2）她精瘦儿，保准能穿上这条裙子。

（3）他家离这里精近儿，步行两三分钟就到了。

（4）这条河精浅，里面的鱼都精点儿。

张志伟（2015）曾对同属北方官话的德州方言进行考察，他认为"'精'用在形容词前一般表示贬义，对形容词所表示的性状表示'不满意'的感情，但有时候表示褒义，如'精壮、精嫩、精纯'等"。我们发现莒南方言中的"精A"与张文中所描写的德州方言中的"精A"有所不同；莒南方言中的"精A"所表示的褒贬之义可随语境而变，单单"精A"只能表示感叹的语气，难见褒贬，详见上例（1—4）。

2.1.2 "精A儿"的重叠句法形式"精A儿A儿"

我们知道，普通话中形容词重叠式不能受程度副词修饰，比如"*很瘦瘦"。"精"作程度副词在莒南方言中的特殊性还表现在"精A儿"可以进行重叠，其形式是"精A儿A儿"，最后一个形容词变为轻音，韵尾减弱或消失。

（5）这个人长得精瘦儿瘦儿。

（6）这条河精浅浅，里面的鱼都精点儿点儿。

（7）他干活干得精慢儿慢儿，等他那费事了。

以前有学者指出这种程度副词修饰单音节形容词重叠式的句法格式表示程度进一步加深（明茂修，2007；康茂林，2012）。经笔者调查，操莒南方言者在"精A儿"与"精A儿A儿"所表达的程度孰轻孰重这一问题上，并未形成统一看法；而就重叠是否形成语音修辞并展现出生动活泼的语言效果这一问题，操莒南方言者基本可以做出肯定回答。由此可见，莒南方言中"精A儿A儿"的功能更强地体现在语体功能方面。在莒南方言中，经过重叠之后的"精A儿A儿"表达富有更多的生活气息，借用陈望道（1997：175）在《修辞学发凡》中的论述：

采用此类叠字的用意却同笔头上的一色无二，大致不外：一借声音的繁复增进语感的重复，二是借声音的和谐张大语调的和谐。

马静、吴永焕（2002：239）在《临沂方言志》中简单描述了临沂①方言中的"对称式表示法"：

临沂各地还同行一组具有对称意义的形容词生动形式。积极方面的内容用"多AA②"或"大AA"式，消极方面用"精BB"式，以兰山和沂水为例：

	兰山		沂水	
	多AA③	精BB	大AA	精BB
	多长长	精短短	大长长	精短短
	多宽宽	精窄窄	大宽宽	精窄窄
	多高高	精矮矮	大高高	精矮矮
	多粗粗	精细细	大粗粗	精细细

① 莒南县隶属于临沂市。
② 该处"A""B"表示有对称意义的形容词，本文其他"A"均表示性质形容词。
③ 详细描写见本文 2.2 小节。

《临沂方言志》中所举用例同样适用于莒南方言，所不足的是，《临沂方言志》中并未描写形容词儿化和加缀重叠（见本文2.1.3小节）等现象，本文通过对莒南方言的描写，对方言志中的内容进行了完善。

此外需要说明的是，以上所有例子中的单音性质形容词重叠形式在没有程度副词修饰的情况下，在莒南方言中是不能成立的，即"*AA"。下面的例（8）（9）（10）可以在普通话中成立，此时"瘦"音足调实；在莒南方言中，即"瘦"读轻声、形容词可以儿化时，例（8）（9）（10）不能成立，此时前加"精"句子即可成立。

（8）这个人瘦瘦的。

（9）别看这钢块小小的，还挺沉。

（10）这个袋子轻轻的。

刘丽（2014）就同属于山东方言的嘉祥方言进行研究，并提出在嘉祥方言中，拧［niŋ44］在意义上相当于普通话的"很"；在用法上，"拧"仅限于修饰表示量小的单音节性质形容词，例如"拧细""拧薄""拧瘦"；在独特性上，"拧"后的形容词可以重叠，例如"拧细细""拧薄薄""拧小小"等等，这是嘉祥方言中其他程度副词所没有的用法。由此可见，莒南方言中程度副词的用法同样存在于胶辽官话和北方官话中的其他地区，其用法具有一定的相似性。

2.1.3 "精A"的加缀重叠形式

"精A"的格式有的时候受韵律的影响，可以在词语中加入缓和语气的虚词，有两种形式："精个A""精个AA"或"精A个""精AA个"。

（11）他家离这精个近儿/精近个，两三分钟就到了。

（12）这条路精个窄窄/精窄窄个，不好走。

（13）这树精个细细/精细细个，风一吹就刮断了。

2.2 前加程度副词"多""大"增加"量大"的程度

在2.1.2小节，我们引用了《临沂方言志》中有关"多""大"的用例，本小节我们对莒南方言中两个用于修饰"量大"形容词的程度副词进行详细描写。

仅就莒南方言中表示量大的性质形容词而言，也是与普通话大致相同的，比如"高""深""沉""远"等；"大""多"是莒南方言中使用频率比较高的程度副词，经常用在表示量大的性质形容词前作状语，加深"量大"的程度，此时形容词后不能儿化，有时为了缓和语气，会在形容词后加上语气助词"的"；例（14）—（17）是"大"做程度副词的用例。

（14）这个坑大深深的，当心别掉下去。

（15）这盆花大沉沉的，我搬不动。

（16）他们家离这了大远远的，到了得天黑了。

（17）这东西大贵贵的，一般人买不起。

在莒南方言中，"精A""多A"可以单独使用；与此不同，当"大"作程度副词讲时，只有"大AA"的说法，没有"大A"的说法。

表1 "精A""多A""*大A"的重叠使用举例

精薄儿/精薄儿薄儿	多厚/多厚厚	大厚厚（*大厚）
精轻儿/精轻儿轻儿	多沉/多沉沉	大沉沉（*大沉）
精矮儿/精矮矮	多高/多高高	大高高（*大高）

2.3 前加程度副词"张"[tʂaŋ214]表示程度的减轻

"张"用来修饰性质形容词，相当于普通话中的"有点"；"张"与上文中的"精""大"只用于修饰特定量级形容词有所不同，"张"既可以修饰表示量大的形容词，也可以修饰表示量小的形容词；"张A"没有重叠的形式，其后通常出现语气助词"了"，句中性质形容词"A"承担句重音；当"张"修饰表示量小的形容词时，形容词可以加儿化音；在语用方面，"张A"用于表示一种"不尽人意"的心理感受。

（18）这床被子张薄儿了，盖着挺冷的。
（19）这件衣服我穿着张肥了，你拿去穿吧。
（20）今天拌的饭张咸了。
（21）今天拌的饭张淡了。

以上四例仅用于表示较低程度的不满，在莒南方言乃至很多周边地区的方言中，都有"太张A"的用法，同样没有重叠的形式。这种句式的自然重音在"太"这个字上，是莒南乃至周边方言中一种具有隐含否定意味的生动表达，无论其修饰的形容词为褒义、贬义，抑或中性，此用法都用于表示某事或某物的性状极其令人不满。

（22）这件衣服太张肥了，谁能穿了①？（这个衣服太肥了，没有人能穿得了。）

（23）给二年级的小学生出这样的题太张难了。

（24）他也太张聪明了。（此句有两种解释：其一为讽刺"他"聪明过头了，其二为讽刺"他"太笨，为反语。）

"张A""太张A"都可用于是非疑问句中，同时也是一个"求是疑问句"，即发问者在对他人进行询问时，心中已经有了答案，需要对方做出肯定的证实。

（25）你看你给恁闺女买的鞋不张大了？（你看你给你闺女买的鞋是不是有点大？）

（26）你木觉着这人太张能吹了？（你有没有感觉这个人太能吹牛了？）

2.4 前加程度副词"稀"［ɕi214］表示程度的增加

"稀"是莒南方言中表示增加"量大"程度的副词。"稀"的组合能力也小于本文所列举的其他程度副词，部分具体用例见表2。

表2 莒南方言中程度副词"稀"的组合举例

形容词	甜、苦、烂、面

---

① 读音为 liao[55]。

（27）这个苹果稀面（食物纤维少而柔软）。

（28）这些糖稀甜稀甜的，吃多了对牙不好。

（29）这肉让煮得稀烂了。

表3　临沂方言中程度副词"稀"的用法（季相超，2012）

稀A	臭、甜、酸、苦、脏、烂、浑、膻、臊、面
稀AA	臭臭、甜甜、酸酸、苦苦、脏脏、烂烂、浑浑、膻膻、臊臊、面面

上述临沂方言中的部分"稀"的组合在临沂市下属的莒南县是不被使用的，以下列举中存在于临沂方言（季相超，2012）中而在莒南方言中没有的"稀"的组合：

（30）a.*稀臭臭　　*稀酸酸　　*稀膻膻　　*稀臊臊

　　　b.囊臭臭　　　焦酸　　　　囊膻膻

（30b）3在莒南方言中有固定的程度副词与形容词的搭配，这体现了由于程度副词的丰富性导致程度副词"稀"在莒南方言中的使用频率降低。在实际使用中，"稀A"内部还经常加中缀"巴"舒缓语气，同时也形成语音修辞并展现出生动活泼的语言效果。

（31）这本书被他一生气撕得稀巴烂。

（32）这本书被他一生气撕了个稀巴烂。

（33）这苹果稀巴面，小孩和老人也能咬动。

2.5 前加程度副词"刚"[kaŋ213]表示程度的增加

"刚"作为一个加深程度的副词，在莒南方言中使用的频率非常高，相当于普通话中的"极其"。"刚"可以组成的词组有"刚A了""刚V了""刚VP了"，"刚"在句中承担重音。形容词或动词受"刚"修饰后，带有极强的主观性和感叹色彩。

表4　莒南方言中程度副词"刚"的组合举例

形容词	冷、热、甜、苦、难、简单、大方、美、漂亮、少、多
能愿动词	喜欢、在意、在乎、难受、讨厌、想
动词性词组	能吃了、有本事了、喜欢玩游戏了、烦得慌了、喜欢和别人对着干了、能瞎闹了

"刚"作程度副词修饰形容词或者动词时，也可以加中缀"了"，起到缓和语气的作用；另外，"刚"在具体使用时一般会在句末加语气词"了"。

（34）这段时间他刚了愿意和别人对着干了。

（35）这个菜炒得刚了咸了。

（36）昨天播的电影刚了好看了。

（37）她长得刚了俊了。

（38）他刚了愿惹霍旁人了。（他很喜欢惹弄别人。）

郝静芳、王洪秀（2008）指出在山东青州方言中的"刚A"有时也可以重叠使用，起一种加强语气的作用；郝文中列出青州方言中含程度副词"刚"的两种重叠形式，其一为"刚A刚A的"，其二为"刚AA儿"。进入"刚AA儿"句式的单音节形容词的词义一般是"小、短、少、轻"等。

（39）夜来（昨天）刚冷刚冷的，你出去做啥来？^①

（40）我刚忙刚忙的，有事你快说！

（41）这根棍儿刚短短儿，去拿跟长的来。

（42）他长得刚矮矮儿，还不到一米七。

莒南方言中进一步加强"刚A"程度的方式与青州方言不同，莒南方言中存在下文例（43）（44）的说法，不存在例（45）（46）的说法。此外，莒南方言经常通过重读本就承担句重音的"刚"表示程度的进一步加深。

2.6 前加程度副词"血"［ɕiə55］表示程度的增加

"血"是莒南方言中又一个典型的程度副词，相当于普通话中的"非常"，带有强烈的感情色彩，可以与形容词、能愿动词或词组组合，组合能力很强；"血"在句子中承担自然重音。

表5　程度副词"血"在莒南方言中的组合举例

形容词	漂亮、能、丑、聪明、干净、脏、厉害、累、烦、甜、苦
动词	喜欢、在意、担心、满意、愿意、在乎
动词性词组	有把握、长见识、有意思、想找你聊天

上表展示了可以受程度副词"血"修饰的词类，"血"修饰形容词、动词、动词词组的时候，可以在句子中充当谓语、补语。

---

① 例（39）—（42）转引自郝静芳、王洪秀（2008）。

（43）这孩子血聪明。

（44）这屋叫孩子们作得血乱。（这房间让孩子们弄得特别乱。）

（45）他血在意这件事，你可别随随便便在他跟了说。（他很在意这件事，你不要随便在他面前提起。）

（46）我瞅着他说得血有把握，应该可以信他。

"血A"加强程度的形式是"血A血A的"，同时受韵律影响，此时的A一般不超过两个音节。有时会在"血"后加"了"缓和语气。

（47）昨天播的电影血了难看。

（48）这道题血了难。

（49）他在家里脾气血孬血孬的，你没事千万不要招惹他。

（50）他把衣服洗得血干净血干净的，蹭上一点灰都不行。

"血A血A的"作定语的时候频率并不高，一般情况下表示强调某性质。例（51）中强调的是定语"血懒血懒的"，整个句子用于打趣或嘲讽。

（51）这个血懒血懒的孩子是谁家的？

当"血"修饰单音节动词或者形容词时，没有否定形式；"血"修饰双音节及双音节以上词语时，否定形式为"血+不/没+V/A"

（52）*他长得血不漂亮。

（53）他血不喜欢她。

（54）她说得血了木意思。（她说得话非常没有意思）

（55）我血了不想找你聊天。

三、莒南程度副词的类型学意义

以上我们详细分析了7个莒南方言中特殊的程度副词，这些方言用语具有极强的口语性，在方言中的使用频率很高，一般不会使用在正式场合。在本文所分析的7个程度副词中，仅有"张"表示程度的减轻；事实上莒南方言中的程度副词分布存在着不平衡的现象，表示加强程度的副词多，表示减轻程度的副词少。普通话中存在某些程度副词可以作状语或补语，例如"很好""好得很"，而本文所分析的7个程度副词在单独作语法成分的时候，都只能作状语而不能作补语。程度副词修饰形容词后的重叠式是一种具有胶辽官话方言特色的ABB形式，受语音修辞的影响，富有饱满的感情色彩。表6进行简单总结：

表6　莒南方言程度副词用法总结[①]

程度副词	副A	副AA	副A副A的[②]	副a/副b[③]	加缀现象
精	＋	＋	＋	－	＋
大	－	＋	－	－	－
多	＋	＋	＋	－	－
张	＋	－	－	＋	－
稀	＋	－	＋	＋	＋
刚	＋	－	－	＋	＋
血	＋	－	＋	＋	＋

① 表格中"＋"表示有此语言现象，"—"表示无此语言现象。

② 此处对性质形容词的音节数有限制；当程度副词为"精""多""稀"时，"A"不超过一个音节；当程度副词为"血"时，"A"不超过两音节。

③ 此处 a 与 b 表示意义相反的单音节性质形容词。

通过对莒南方言中的7个程度副词的描写和总结，我们发现在莒南方言中程度副词的"副AA"用法与"副a/副b"用法存在着互补分布。当"副AA"成立时，"副a""副b"中必定至少有其一不成立；当"副a""副b"都可以成立时，"副AA"必定不成立。例如：

精瘦瘦	精瘦	*精胖
大宽宽	*大宽	*大窄
多高高	多高	*多矮
*张大大　*张小小	张大	张小
*稀甜甜　*稀苦苦	稀甜	稀苦
*刚美美　*刚丑丑	刚美了	刚丑了
*血好好　*血孬孬	血了好	血了孬

我们考察马静、吴永焕（2002：224）在《临沂方言志》中列举的程度副词，进一步印证了这一想法。例如：

齁咸咸	齁咸	*齁淡
崩硬硬	崩硬	*崩软
挺硬硬	挺硬	*挺软
煞白白	煞白	*煞黑
黢黑黑	黢黑	*黢白
*何急急　*何闲闲	何急	何闲
*怪香香　*怪臭臭	怪香	怪臭
*纂好好　*纂孬孬	纂好	纂孬
*响高高　*响矮矮	响了高	响了矮
*焦黏黏　*焦干干	焦黏	焦干

由此，我们得出以下结论：

当"副AA"成立时，"副a""副b"中必定至少有其一不成立；当"副a""副b"都可以成立时，"副AA"必定不成立。[①]

四、结语

莒南方言中的程度副词在句法上具有不同于普通话中程度副词的特殊性，例如可以重叠、加缀等等；本文对7个程度副词进行了详尽地描写之后，发现了莒南方言程度副词的一个共性，即"副AA"用法与"副a/副b"用法存在着互补分布，并通过对莒南方言及临沂方言中其他程度副词的分析验证了这一想法；在将来的研究中，可以扩大方言区的范围，考察这一共性是否广泛存在于胶辽官话和北方官话中。

参考文献

[1] 陈望道（1997）《修辞学发凡》，上海：上海教育出版社。

[2] 郝静芳（2014）山东省青州方言的特色程度副词研究，《西华大学学报》第4期。

[3] 郝静芳、王洪秀（2008）山东青州方言的程度副词"刚"研究，《语文学刊》

① "A"表示单音节性质形容词，"a""b"表示意义相反的单音节性质形容词。

第10期。

［4］季相超（2012）临沂方言中形容词重叠式BAA的程度修辞刍议，《乐山师范学院学报》第9期。

［5］康茂林（2012）《临沂方言程度副词研究》，山东师范大学硕士学位论文.

［6］马静、吴永焕（2002）《临沂方言志》，济南：齐鲁书社。

［7］明茂修（2007）山东临沂方言中的特殊程度副词，《毕节学院学报》第6期。

［8］李延梅，张建阳（2020）沂南方言特殊副词研究，《陕西广播电视大学学报》第1期。

［9］刘丽（2014）《济宁嘉祥方言特色副词研究》，湖南大学硕士学位论文。

［10］荣伟（2014）《沂水方言程度副词研究》，江西师范大学硕士学位论文。

［11］于文文（2019）《山东即墨方言副词研究》，辽宁师范大学硕士学位论文。

［12］张志伟（2015）《德州方言程度范畴及表达方式研究》，延边大学硕士学位论文。

［13］朱德熙（1982）《语法讲义》，北京：商务印书馆。

［14］中国社会科学院、澳大利亚人文科学院（1987）《中国语言地图集》，香港：朗文出版（远东）有限公司。

动态系统中的语言习得研究

田　靓[①]

提　要　本文讨论了动态系统理论在语言习得及第二语言习得领域的应用性研究，认为语言作为社会动态系统中的子系统具有资源依赖性、发展互动性等特征。语言动态系统作为一种集认知观和社会观于一体的语言习得和发展研究范式，更为真实地告诉我们学习者的头脑中发生了什么，为SLA提供了更加可靠的解释框架和研究手段，同时提示我们用更为开放的思想对待研究数据。

关键词　动态系统理论；语言习得；第二语言习得

一、引言

语言习得研究者可能大多认同，习得在本质上是一个复杂的过程，动机、能力、输入程度、母语类型、第二语言特征等这些因素间不仅是相互联系的，而且对习得过程有影响。目前的技术手段和分析模式甚至研究理念，对习得中的关键问题大都试图通过直接的"原因—效应模式"

[①]　田靓，女，北京语言大学汉语国际教育学部汉语进修学院副教授。研究方向：第二语言习得。

（cause-effect model）加以解释，用以构建系统。然而这种看似客观的思维模式却暗存这样一种假设，即影响因素和习得效果之间存在某种既定线性联系。

我们不否认在某些因素和效应之间可能存在某种线性关系，但我们不认为，两者之间必然存在线性关系。本文尝试在这种背景之下，简要介绍动态系统理论（Dynamic Systems Theory，简称DST）的基本内容以及它在语言习得以及第二语言习得研究中的应用。

二、DST 基本内容

DST有着深刻的数学和物理学基础。它基于对一个简单系统的深入考察，比如一个双摆装置中的两个变量之间的关系，认为虽然系统中只有两个互相作用的变量，系统的运行轨迹（trajectory）也是复杂的。数学和物理学对动态系统的研究兴趣主要在于构建动态系统运行算法（algorithm）。但若在语言应用研究中讨论动态系统所具有的复杂性和协作性的普遍原则，则无需深刻至此，因此我们的讨论只限于对DST原则性的探讨。

鉴于应用研究背景的差别，DST在发展研究领域中的定义是多种多样的。作为一种研究范式，这种理论核心表现为，强调事件之间关系的重要性，强调系统内各元素间复杂的协作关系。因此从发展性研究上看，动态系统具有如下的特征：

首先，DST最基本的特征是系统随时间而变化发展，可以表达为等式 $x(t+1)=f(x(t))$。只要时间发生变化，系统内就没有一个发展状态或阶段是静止的。

其次，动态系统在内部组织上具有全面内在联系（complete interconnection）的特征。即，所有的变量都是相互联系的，任意一个变量的变化都会对系统中其他所有变量产生影响。因此，在复杂系统中，我们并不能精确算出随着时间推移而获得的发展结果。这不是因为我们缺少测量这些变量的工具和方法，而是因为相互作用的变量随着时间而不断变化，相互作用的结果不能通过简单分析获得（除非系统超常规简单）。

通过全面内在联系，动态系统具备了内部自我重新组织能力。这种能力既体现在系统的瞬间活动中，也体现在个体的发展过程中。系统或者表现为吸引状态（attractor states），或者表现为排斥状态（repeller states）。这两种状态好比一只球滚过凹凸不平的表面，球的运动轨迹就是发展的过程，凹陷处就是吸引状态，而凸起处就是排斥状态。凹陷处可以凹下去很浅，也可以很深。从凹陷越深的地方取出球，并将它移动到下一个凹陷处所需要的能量就越大。

再次，动态系统的发展表现为高度依赖其发展的初始状态。在初始阶段存在的极小差别，从长远来看，都可能导致某种令人意想不到的结果。这种现象叫做蝴蝶效应（the butterfly effect）。1972年，气象学家Lorenz为了解释微小的局部效应对全球气候产生的巨大影响，最先提出了这一效应。

与此相联系的是系统的非线性特征。它意味着一个系统开始时的无序情况和它在长远看来可能产生的效应之间的关系是非线性的。也就是说，一些微小变化可能带来巨大的影响，而所谓的主导性因素可能被系统在运行过程中吸收而对结果没有产生任何影响。这种敏感性初始状态可能只是依靠一个或者几个关键参数，并且相似系统对于初始状态的敏感度可能不一样。

最后，也是动态系统最重要的特征之一，是系统对发展所需资源的依赖性。物理学告诉我们，假设没有摩擦力，双摆只需要启动能量就可以永远摆动。但是现实世界存在摩擦力，如果没有新能量输入，双摆的摆动将逐渐停止。动态系统只有通过和环境资源以及内部资源间的互动获得能量维持运行，得到发展。

三、语言习得的动态系统

在语言研究中，大量的文献支持语言习得（或者语言学习）和语言发展共享同一过程，这一观点与DST在语言习得上的观点一致（Nowak et al. 2002）。这一部分将从语言习得的资源整合、互动发展以及语言习得和发展的非匀质性三个方面探讨作为一种动态系统的语言习得和发展过程。

3.1 语言发展在资源整合中进行

Van Geert（1995）的L1学习模型（language learning model for L1）中曾为语言发展做出了如下定义：

如果某个过程关涉语言的一种或多种属性的增长或者衰退，而且这种增长或者衰退是这一过程内在机制造成的影响，那么这一过程被称为发展。[1]

---

[1] 原文是 "A process is called growth if it is connected with the increase or decrease (i.e. negative increase) of one or more properties, and if that increase is the effect of a mechanism intrinsic to that process" (Van Geert,1995, p.314)。

面对发展，动态系统需要满足很多要求，首先必须有可以发展的内容，Van Geert称之为最小结构发展条件（minimal structure growth condition）。其次必须有保持发展进程的资源，这种资源为发展提供动力，包括内部资源和外部资源。内部资源指学习者拥有的资源：学习能力，学习时间，学习所需内部信息资料，比如概念知识，动机等。外部资源指学习者占有的资源：学习所需的空间环境，维持这种学习环境需要投入的时间，外部提供的信息资源，比如学习环境中使用的语言，受到环境强化的动机，书本、音像资料等学习资料。

动态发展系统中的资源有两个主要特点：有限性和关联性。有限性不仅是所有的内部资源的特点，比如记忆容量是有限的，花在学习上的时间是有限的，获得的有效知识是有限的；而且外部资源也是有限的，比如学习者为学习某种语言而寻求的学习环境类型是有限的，他们为学习而获得他人在时间和精力上的帮助是有限的，等等。为了学习某种语言，这些资源必须达到需要的最小值。没有记忆，没有输入，没有内部信息资源，没有学习环境，没有他人帮助，学习就不可能进行。此外，在达到最小结构发展条件的同时，不同资源间可以存在互补关系。比如，学习者个体努力可以弥补学习时间上的缺乏，强烈的学习动机可以弥补来自于环境的语言输入量不足，等等。

总的看来，资源（包括内部资源和外部资源）作为系统必须满足发展的要求，在整合过程中为语言的习得和发展提供驱动性的条件。

3.2 语言习得在互动模式中发展

既然保持语言发展依赖资源，资源又是有限的，并且还得分配给不同的子系统，那么依靠如此有限的资源，语言习得是如何达成的呢？互动模式为我们深入了解语言习得提供了新视角，也揭示了促进语言习得的深层因素。

虽然保持语言发展的资源有限，并且要进一步分配，但是并非所有的子系统要求相等数量的资源。一些相联系的发展因子（或者子系统）互相支持，比如学习者词汇发展和听力理解能力发展之间的互动关系：随着听力理解能力的发展，对词汇的理解和解释能力增强，进而刺激了词汇技能的发展；而知道和理解更多的词汇对于听力能力的发展又有促进。这样的互动方式显示出两个相关联的发展因子需要的资源比两个没有联系的因子所需要的资源少得多。

当然，实际的互动模式远比我们上述内容复杂。因为学习者作为内部资源和外部资源的整合体，其内部资源的发展不仅依赖外部环境的变化，而且受到内部发展需求和外部环境互动变化的影响。

Hirsh-Pasek，Golinkoff & Hollich（1999）通过幼儿语言习得和发展研究考察了这种互动变化的影响。假设语言习得受分布式学习（a process of distributional learning）指导，他们研究发现，在语言发展的不同时期，幼儿明显地倾向于留意某些刺激，而忽略另外一些。出生9个月的幼儿学习切分韵律和语音信息，这种能力使得他们能够识别单词。但是这些声音片断并非与它们所代表的符号联系，而是直接将声音—物体联系。根据年龄的差别，幼儿依赖将声音—物体联系在一起的线索是不同的。12个月左右的幼儿对于感知上凸显的事物很敏感，比如说，看得见的东西比抽象的概念获得幼儿更多关注；19到24个月的幼儿对社会性线索很关注，比如喜欢用眼睛凝视说话人，以获得信息。还有证据表明，幼儿只有在了解了语素意义并知道了词序之后，他们才逐渐将注意力转而开始习得语法。因此，幼儿语言习得是在内部发展需求与输入环境的交互作用下得以逐渐完成。

3.3 非匀质性的语言习得和发展

如上所述，语言的习得和发展一方面依靠资源供给，一方面依靠互动发展。但是资源供给受到外部资源环境的稳定性和供给持续性的限制，互动发展受到参与互动因素变化的影响，因此发展的过程可能是渐进的，可能是突变的，也可能表现为对系统某部分的重建。比如，有研究发现，幼儿多词句的出现和单词阶段的词汇发展减慢的情况几乎同时发生（Van Dijk & Van Geert, 2005）。也就是说，虽然语言发展早期，幼儿通过不同类型的感知将所有的资源都用以发展词汇；但是到了下一个阶段，他们将更多的资源用以发展语法系统，控制多词句中信息的不同功能分布。这种机制的结果直接表现为：虽然句法能力提高了，但是词汇发展速度减慢了。

Robinson & Mervis（1998）通过实证研究支持了语言习得和发展的非匀质性观点。他们用个案观察的方法记录了一个10.5个月的婴儿在此后13个月中每天的语言发展情况，并且记录了每个星期单词量的发展情况。通过描述这种发展曲线，他们发现，一个缓慢的开始后，在30~40周时，婴儿的词汇有一次爆发，然后变得稳定（如图1：Ari每日词汇增长数据，参见Robinson & Mervis, 1998, figure 1）。

然而，以平均言语长度（Mean Length of Utterance，简称MLU）为指标的语法发展曲线则另有表现。一般来说10~12个月的婴儿只能说单个的词，这一阶段之后，他们的MLU呈线性发展。在观测中，Robinson & Mervis的实验除了使用MLU为指标，还使用了一个测量指标，即在规定的语境中使用复数的比例。同样，在前30周内，婴儿几乎没有什么发展，在30~40周时，出现了飞速的上升。基于对动态系统的分析手段，Robinson & Mervis将两组变量联系起来。对于10~21周这一阶段，MLU和单词量之间的相关系数较低，而21~30周，这两个变量之间的相关系数增大到0.99

（ *p<0.001* ）。在规定语境中使用复数的比例和单词量之间的相关分析显示了类似的模式。Robinson & Mervis的研究表明词汇增长和复数使用之间存在完全的负相关（图2：每周新词增长数量以及在固定语境中使用复数形式的比例，参见Robinson & Mervis 1998，figure 6）。

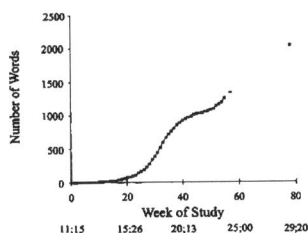
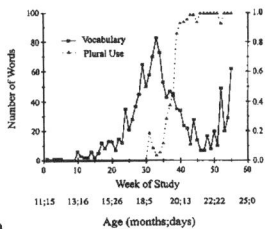
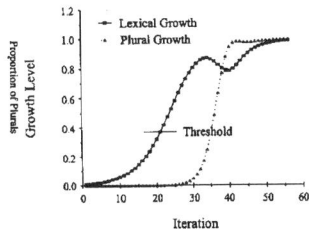

图1　　　　　　　　图2　　　　　　　　图3

综合看待两个发展曲线，Robinson & Mervis使用了"先兆模型（precursor model）"（Van Geert，1995）来解释这一现象。在先兆模型中，有两个变量，先兆变量和后继变量。后继变量的发展受到先兆变量发展的抑制，直到达到先兆变量的阈限（threshold），这是一种竞争形式，达到阈限后，两类变量的发展将共享在竞争和合作环境下出现的任何可能的逻辑发展关系（图3：Ari词汇发展和固定语境下使用复数形式的先兆模型，参见Robinson & Mervis 1998，figure 7）。

四、动态表现中的第二语言习得

如上所述，在语言习得和发展研究中，DST将语言（母语或者第二语言）学习者作为社会动态系统中的一个子系统看待，子系统又包含了许多相互影响的次一级子系统。每个学习者拥有自己的认知生态系统（cognitive ecosystem）（Van Geert，1994），包括意向性、认知能力、智力、动机、学能、母语、第二语言等等。这种认知生态系统与学习者接触第一（或者第二）语言的程度、生理成熟度以及教育程度等相互关联，而上述诸要素又与社会生态系统相关联，成为学习者所处环境的一部分。这种既有有限性又有关联性的内部和外部子系统中的各种资源可以相互取长补短。可见，动态系统作为一种集认知观和社会观于一体的语言习得和发展研究范式，从理论上看，有能力构建具有连续性的第二语言习得（Second Language Acquisition，简称SLA）和发展模型（De Bot, Lowie & Verspoor, 2005）。这一部分我们尝试从非线性特征以及对习得顺序的再思考两个问题上讨论DST在SLA研究中的应用。

4.1 第二语言习得中的蝴蝶效应和非线性发展

蝴蝶效应来自于气象学研究，1972年气象学家Lorenz首先提出了这个问题：巴西的蝴蝶拍打翅膀会引起田纳西州的龙卷风吗？[①]所谓蝴蝶效应，指的是动态系统对初始状态所具有的敏感性依赖（the sensitive dependence on initial condition）这一现象，提示动态系统发展具有不可预知性的属性。乍一看这一现象与SLA研究好像没有显而易见的联系，但是越来越多的证据表明初始状态在第二语言发展中的特殊地位。

目前一系列基于DST的实证研究证明SLA中确实存在蝴蝶效应。比如，有研究证实语音意识（phonological awareness）是获得母语阅读能力最有效的预测因素之一（Stanovich, 1998），语音意识能力发生问题可能会带来儿童早期明显言语困难（比如语言迟钝）（Sparks & Ganshow, 1991）。语

---

① 原文是 "Does the flap of a butterfly's wings in Brazil set off a tornado in Texas?"。

音意识中的语音编码障碍（phonemic coding difficulties）不仅会影响读写技能的培养，而且很有可能影响到口头交际能力中的听辨和发音能力的发展（Sparks, Ganshow & Patton，1995），这一扩展链式的反应影响母语使用者的语言整体能力。而进一步的研究表明，应用母语能力的高低对于学习者第二语言的学习和习得有着决定性作用（Sparks & Ganschow 1991；Dufva & Voeten 1999），母语中的语音意识和识字技能影响着第二语言的词汇学习过程（Durgunoglu, Nagy & Hancin Bhatt，1993）。

根据上述一系列的推断，我们假设儿童在母语习得早期遇到的问题，哪怕是生理问题，比如中耳炎，一旦影响了他们的母语语音发展，那么从长远来说，对他们今后学习第二语言也会有深刻的影响。这种假设也许是很不确定，但是不断增加的事实表明母语习得中出现的问题和SLA之间存在不可忽略的复杂关系，这种关系表现为非线性的联系，而并非假设的线性依存关系，因此SLA的困难至少有一部分来源于在语言习得过程中的，学习者拥有的那只蝴蝶最初飞行方式。

4.2　对习得顺序研究的再思考

以往的研究假设认为，语言内部系统性以某种固定的线性分布隐藏在一个触发语言装置的黑匣子里。SLA中有关语言线性发展研究最具代表性的大概可以算早期对语素习得顺序研究。在Dulay & Burt（1974）发表的文章中明确提出，不管学习者的母语背景有何差异，语法中的语素习得具有固定的自然顺序（fixed natural sequence）。这一论点在当时引起了激烈的争论。研究者们除了质疑双语句法测量（bilingual syntax measure）这一方法，也对所测量的表达内容精确性持有怀疑。此后的研究中，Larson-Freeman（1975）对习得顺序进行了大规模的研究，发现在阅读和写作作业中的语素习得顺序和Dulay & Burt的结果并不一致。为了解决在不同的研究中发现的习得顺序不一致的问题，Krashen（1977）创造了"簇（clusters）"这一概念来解释这种顺序性差异。

三十多年后的今天，我们再回头看看语素习得顺序的研究，不难发现，语素习得顺序研究中最致命的缺陷是，研究者对研究结果的预期严重影响了研究效力，也就是说他们为了去证明线性发展是一种天赋机制的结果，而降低了学习者母语的地位。

De Bot, Lowie & Verspoor（2007）研究了学习者第二语言写作能力发展，对比了根据学习者母语分类获得数据和学习者个体数据之间的差别。研究要求高中低年级自然班的英语学习者在每次英语课开始时写一篇短小的日记，这样持续6周。根据学生出席的情况，每个学生大概有8~10篇文章。

这个研究中的一个变量是每一篇文章的平均句子长度（average sentence length）的发展。11个学生的平均句子长度在12个字上下波动。但是考察每一个学生的发展曲线时，情况大不一样。对于学生TX和F而言，和整体情况差不多，在10个字左右轻微浮动。但对于学生J和L，差别很明显：首先，他们最弱的表现（在10个字左右）大概和别的学生差不多，但是他们表现也最高峰值，两个学生的平均句子长度在22个字左右的代表，这几乎是其他学生的两倍。这表明，这两个被试虽然不总是这样，但他们至少有能力写出长句。

这一数据详细说明了在一个假设为一致的组织中，个体间存在的差异程度，但是这种差异被平均数所掩盖。此外，如果每个学习者的数据点都被聚簇成一个值，那么每个句子中包含的单词个数为12个左右。但是如果我们纵向考察学习者的发展情况，几个月以后，对于相同被试而言，平均句子长度未必就是13或者15。这就是Krashen（1977）所提出的语素发展线性顺序的问题所在，不仅把不同语言使用者的数据放在一起，而且把不同类型的语素放在一起。

早期语素顺序研究存在的另一个问题是，仅仅说明这个从黑匣子中出现的数据，而缺乏对顺序的理论解释。研究者们逐渐意识到这一点，随后将语素顺序研究方向调整为寻找促成这些已经发现顺序的可能原因，大致有：语素的句法复杂性（Brown, 1973）、在英语第二语言学习者中使用了相同的ESL文本、感知凸显、语音的复杂性等等（Bailey, Madden & Krashen 1974）。而根据不同研究的结果，Larsen-Freeman（1976）认为，顺序差异的主要原因在于输入中的某个语素的发生频率。

总之，对语素顺序的解释研究通常是全或无（all or none）的方式。而现实情况却是，句法复杂性、音位复杂性以及频率在形成语言习得时虽然各自独立，但又动态地相互关联和影响（吸引又排斥）。我们对早期语素习得顺序研究反思表明，片面强调某一方面的因素，只会对事实给出过于简单笼统的描述。只有整合各种动态因素的影响程度才能对实际的复杂情况作出明晰的解释。同时，也应该认识到控制复杂互动关系非常困难，那么可行的方法之一是将复杂系统的表征简化，以分离高度相关的信息和模糊不相关的信息，实现对互动关系的控制。

五、结语

本文尝试将DST的原则和概念应用于语言习得和第二语言习得研究。我们认为语言习得，尤其是第二语言的习得过程类似复杂的动态系统。对于SLA中的一些核心问题，DST也许比其他理论可以更为真实地告诉我们学习者的头脑中发生了什么。从这个角度说，DST为SLA提供了更加可靠的解释框架和研究手段，强调SLA研究中的认知因素和社会因素结合在一起，并且讨论它们是如何交互作用、完成语言习得和发展的。这使得我们不再使用"原因—效应"这样简单模型标示习得发展的可预测特点，而使用个案研究去发现动态子系统，使得我们有可能真实地模拟习得过程。

此外，DST提示我们应该用更为开放的思想看到获得的数据。传统的统计学揭示的是作为整体的一组被试表现，对于考察整体的倾向或许有用，但是如果我们想知道语言加工过程中到底发生了什么，就应该仔细观察学习者个体发展过程的每个细枝末节。如果我们观察足够仔细，也许会发现个体在发展过程中的经历也许远不像我们目前所假设的那样。

参考文献

［1］Bailey, N.,Madden, C. & Krashen, S. (1974). Is there a "natural sequence" in adult second language learning? *Language Learning*, 21, 235–243.

［2］Brown, R. (1973). *A First Language: The Early Stages*.Cambridge, MA: Harvard University Press.

［3］De Bot, K., Lowie, W. & Verspoor, M. (2005b). Dynamic systems theory and applied linguistics: The ultimate "so what"？ *International Journal of Applied Linguistics*, 15 (1), 116–118.

［4］De Bot, K., Lowie, W. & Verspoor, M. (2007). A Dynamic systems theory approach to second language acquisition. Bilingualism: *Language and Cognition*, 10(1), 7-21.

［5］Dufva, M. & Voeten, M. (1999). Native language literacy and phonological memory as prerequisites for learning English as a foreign language. *Applied*

Psycholinguistics, 20 (3), 329–348.

［6］ Dulay, H. & Burt, M. (1974). Natural sequences in child second language acquisition. *Language Learning*, 24, 37–53.

［7］ Durgunoglu, Y., Nagy, W. & Hancin-Bhatt, B. (1993). Cross language transfer of phonological a awareness. *Journal of Educational Psychology*, 85, 453–465.

［8］ Hirsch-Pasek, K., Golinkoff, R. & Hollich, G. (1999). Trends and transitions in language development: Looking for the missing piece. *Developmental Psychology*, 16, 139–162.

［9］ Krashen, S. (1977). Some issues relating to the monitor model. In H. Brown, C. Yorio & R. Crymes (eds.), On *TESOL '77*, pp. 144–158. Washington, DC: TESOL.

［10］ Larsen-Freeman, D. (1976). An explanation for the morpheme acquisition order of second language learners. *Language Learning*, 26, 125–134.

［11］ Nowak, M., Komarova, N. & Niyogi, P. (2002). Computational and evolutionary aspects of language. *Nature*, 417, 611–617.

［12］ Robinson, B. & Mervis, C. (1998). Disentangling early language development: Modeling lexical and grammatical acquisition using and extension of case-study methodology. *Developmental Psychology*, 34, 363–375.

［13］ Sparks, R. & Ganschow, L. (1991). Foreign language learning differences: Affective or native language aptitude differences. *Modern Language Journal*, 75 (1), 3–16.

［14］ Sparks, R., Ganschow, L. & Pattton, J. (1995). Prediction of performance in first-year foreign language courses: Connections between native and foreign language learning. *Journal of Educational Psychology*, 87, 638–655.

［15］ Stanovich, K. (1998). Twenty-five years of research on the reading process: The grand synthesis and what it means for our field. In T. Shanahan & F. Rodriguez-Brown (eds.), *Forty-seventh yearbook of the National Reading Conference*, pp. 44–58. Chicago: National Reading Conference.

［16］ Van Dijk, M. & Van Geert, P. (2005). Disentangling behavior in early child development: Interpretability of early child language and the problem of filler syllables and growing utterance length. *Infant Behavior and Development*, 28, 99–117.

[17] Van Geert, P. (1995). Dimensions of change: A semantic and mathematical analysis of learning and development. *Human Development*, 38, 322–331.

汉语国际教育研究

课程思政框架下的国际学生教育教学改革之我见

牟世荣①

提　要　课程思政是"三全育人"的核心理念，本文梳理课程思政的定义及目标、国际学生的课程思政培养目标、内容和实践路径。提出在课程思政框架下国际学生的三全育人目标是培养知华、识华、友华的国际性人才，学校各部门协同联动进行顶层设计，自上而下地、多渠道、多方位地将课程思政的理念落实到位，引导国际学生讲好中国故事、传播中华文化和社会主义价值观。

关键词　课程思政；培养目标；课程体系

一、"课程思政"理念的提出

2016年12月，习近平总书记在全国高校思想政治工作会议上作重要讲话，明确提出"把思想政治工作贯穿教育教学全过程，实现全程育人、全方位育人"，以及"各类课程与思想政治理论课同向同行，形成协同效应"。2017年12月，教育部引发《高校思想政治工作质量提升工程实施纲要》（以下简称《纲要》），在《纲要》明确的"十大育人"体系中，课程

---

① 牟世荣，女，硕士，北京语言大学汉语国际教育学部副主任，汉语进修学院副院长，副教授。研究方向：汉语国际教育课堂教学、虚词教学。

育人居于核心地位，要求"大力推动以'课程思政'为目标的课堂教学改革……梳理各门课程所蕴含的思想政治教育元素和所承载的思想政治教育功能，融入课堂教学各环节"。2018年，全国教育大会召开，"立德树人"作为教育根本使命再次明确和强调落实，思政教育在教育领域的生命线地位更加彰显。

加强高校思想政治教育工作，必须从高等教育"育人"本质要求出发，从国家意识形态战略高度出发，不能就"思政课"谈"思政课"建设，而应抓住课程改革核心环节，充分发挥课堂教学在育人中主渠道作用，着力将思想政治教育贯穿于学校教育教学的全过程，着力将教书育人落实于课堂教学的主渠道之中，深入发掘各类课程的思想政治理论教育资源，发挥所有课程育人功能，落实所有教师育人职责。

二、课程思政的定义和培养目标

课程思政指以构建全员、全程、全课程育人格局的形式将各类课程与思想政治理论课同向同行，形成协同效应，把"立德树人"作为教育的根本任务的一种综合教育理念。"思政课程"和"课程思政"是两个不同的概念，需要厘清和明确二者之间的关系。"思政课程"是高校的重要课程，是大学生思想政治教育的根基、主干与本体，每个大学生必须修读、以显性的方式进行的；"课程思政"则是大学生思想政治教育的渠道、载体和呈现方式，是以隐性方式为主、显隐结合的方式融入推进的。

习近平总书记在全国高校思想政治工作会议上强调，要用好课堂教学这个主渠道，培养好时代新人。当前，"课程思政"的核心任务是培养时代新人。习近平总书记在系列重要讲话中都谈到培育时代新人是教育的重要使命和根本任务。

"时代新人"不仅体现在技术、知识等方面与时俱进，还体现在家国情怀、使命担当、价值规范等诸方面。在"时代新人"的内涵中，首先要体现出人之为人应有的价值、人格、品质等要素，这也是教育所要实现的根本目标。此外，"时代新人"要求培养的人应该适应并推进新时代中国特色社会主义的实践发展。另外，"时代新人"突出强调"新"，应该体现以往的人才所不具有的全新特点，这主要体现在强烈的时代使命、突出的价值关怀以及强烈的时代担当。可以说，时代新人是一个综合性、包容性的概念，这其中就指向人的品格、境界、信仰塑造等精神性方面。而这恰恰是"课程思政"所致力于构建的课程体系应当着力的关键点。

三、来华留学生的思政目标和内容

来华留学生是高等教育的重要组成部分，结合他们的特点，我们认为来华留学生思政教育工作要从人类命运共同体的角度审视，要面向现代社会全面发展的要求，面向全球化、信息化时代的挑战，培养具有"世界眼光、中国灵魂"的知华、识华、友华的高素质国际化人才。"世界眼光"意味着能够从全球化的角度看待世界，进而形成与这个全球化时代相匹配的国际视野和国际交往能力，而"中国灵魂"则意味着能够正确认识中国的文化传统，传播社会主义核心价值观，培养真正符合中国主流价值观和现代发展的现代公民。

明确了留学生的思政培养目标后，就需要在人才培养方案以及课程设计等顶层设计方面统筹考虑，根据"课程思政"的要求和标准进行修订，融入中国的当代价值观和取向要求，紧紧围绕服务于中国特色社会主义的理念，坚守社会主义高校育人的底线和规范，从而在课程体系建设上体现立德树人的根本要求。①

"目前，我国国际学生思想政治教育大多还停留在以中国概况课程为载体传授基本理论知识、以第二课堂为重要途径开展体验活动的阶段。理论知识的传授大多局限于课本，实践活动大多以传统文化体验为主，专业教学则缺乏思想政治教育责任意识。如何转变教学理念，实现碎片化的第二课堂教学与体系化的课堂教学有机结合，形成协同、融合、系统的全程、全员育人格局，进而落实立德树人根本宗旨，是国际教育课程思政的内涵所在，也是当前教育实践中亟须探索、解决的重要命题。"

汉语国际教育的教学对象是以汉语作为第二语言的国际学生。汉语国际教育课程通过汉语、汉字知识及其他相关文化知识的教学，以及听、说、读、写等语言技能的训练，全面培养和提高国际学生的汉语综合运用能力。教材内容涉及语言知识、语言技能和文化知识等。语言知识包括语音、汉字、词汇、语法等内容，语言技能指听、说、读、写等，文化知识包括中国历史、地理、社会、经济等中国国情和文化常识等各个方面，其本身承载着博大精深的中国传统文化信息，不仅是对国际学生进行知识传授的载体，也是实现思政教育价值引领的重要元素。教师将中国社会主流价值观和公共道德观念融入国际学生汉语语言能力培养的全过程，能够加深国际学生对中国形象、中国思想、中国经验和当代中国经济社会发展的总体认识，培养他们知华、识华、友华的情怀。

我认为来华留学生思政教育应当确立若干个课程思政的板块，从这些板块中选择适合留学生思政的要点，以点带面、点面结合地进行留学生思政教学的探索，形成教学大纲，进而构建完整、成熟的来华

① 韩瑞、杨国萍（2021）国际学生课程思政的实践路径探析，《科教文汇》第21期。

留学生课程思政体系。留学生课程思政的三大板块包括：1.中国古代文明和中华传统文化；2.中国现代文明；3.社会主义核心价值观。将这些板块细分，归为以下门类：（1）汉语与中国概况，使留学生了解中国文化，热爱中国。（2）道德与法律，增强学生的法制观念，做遵纪守法的合格公民。（3）生态环境与生命关怀，正确认识环境与人类的关系，增强学生的环保意识。（4）影响世界的中国文明，增强学生的文化包容性和开放性，培育学生的社会责任感和历史使命感。（5）伦理价值观和思维方法，强调中国社会主流价值观的传递，塑造学生的高贵品质。（6）中华传统文化与诠释，积极提升学生的个人修养和审美情趣。（7）跨文化沟通与人际交往，培育学生的社会适应能力。各门类中的要点就是课程思政的选取点。根据专业、课程类型、教学内容、学生层次的不同，匹配不同的课程思政要点。

四、来华留学生课程思政体系的构建路径与方法

如何构建国际学生课程思政体系，首先需要我们清晰地认识到当前国际学生课程思政教育的现状和存在的问题，从而从问题突破寻找解决的路径和方法。

4.1 对国际学生的课程思政教学要尽快形成体系，进行系统化建设

当前国际学生课程思政教学缺乏顶层设计，课程思政教学大纲还未形

成，没有统一的要求，教材、教学资料等不足。留学生教育的课程设置基本以语言素质的培养为主，很多课程中看不到"思政"元素，"思政"没有纳入课堂教学常规设计与教学过程中，"课堂思政"没有形成系统性体系。虽然留学生在语言、文化、价值取向等方面和我国有着巨大差别，但在同向同行理论的指导下，将"思政"融入到课程设置以及课堂教学设计中，把留学生课堂转化为中国"思政教育"的窗口，传播中国传统文化，宣扬中国核心价值观，还是大有作为的。因此我们应着力构建具有来华留学特色的课程思政体系。教学管理部门须尽快提出教学大纲加入课程思政元素、更新升级的要求，教学单位应尽快落实贯彻这一要求，并组织专家研讨课程思政元素的选择、编排和融入，尽快编写出版课程思政理念下的教材、教学资料等。

4.2 在课程思政框架下，进行教师队伍的培育

虽然学校职能部门开展了几轮课程思政教改项目的申报，但是课程思政的意识在教师中的覆盖面依然有限，一些人对课程思政的概念认识模糊，甚至与思政课程混为一谈，需要尽快使课程思政的理念在教师中做到全覆盖。

我们深知，教师是课程思政理念的践行者、传播者，老师们首先要做到充分理解三全育人、课程思政的要求，并有足够的知识储备。提高教师思政修养，才可以保障思政目标的实现。老师们要懂得利用汉语国际教育教材中的优秀文化素材，充分挖掘蕴含的丰富思想政治元素，根据课程要求设计教学环节，引导国际学生加深对中国社会主流价值观和公共道德观念的理解，提升他们对中华文化的认知度和认同感，实现对国际学生的全

程全方位育人。汉教专业的教师队伍中语言类的人才居多，要应对近年来大力推进的课程思政教育模式、构建思政教学体系所需的知识储备有所欠缺、思政融入课程的能力不足，急需知识的补充和能力的速成。习近平总书记说，教师不能只做传授书本知识的教书匠，而要成为塑造学生品格、品行、品味的"大先生"。教师是课程思政建设的主体之一，教师的自身素养决定了课程思政质量的高低，因此教师要自我学习和教育，学校和管理机构也必须进一步加强对来华留学生课程思政师资力量的培训与建设，精心打造一支高水平、研究型、国际化的教学团队。只有这样，才能真正为来华留学生思政教育的可持续发展提供强有力的支撑。

4.3 各部门协同联动，对国际学生课程思政的推进形成全方位的激励机制

从管理的角度看，学校各部门各单位在教育教学环节、绩效环节、评价环节没有形成

自上而下的统一认识，与课程思政相关的激励、奖惩规定亦未出台，致使课程思政教育推进呈现出碎片化状态，我们需要认真研读相关文件，深入了解"课堂思政"同向同行理论，思考课程思政的教学体系的建构路径。学校相关部门应"同向同行"，积极配合做好从人才培养方案的顶层设计到教师每堂课的具体实施，把思政教育贯穿在教育的主线，力促国际学生课程思政教育的深入发展。

4.4　创新课程思政教学方法，保持课程思政的吸引力

教学资料不够鲜活、课程思政点的选取不恰当、融入方法较老套，不能最大化地吸引学生，甚至会引起一些学生的反感。课程思政不能"为思政而思政"，国际学生这个群体的多元属性决定了我们的教学方法要灵活自然，教学要具备"润物细无声""水到渠成"的创新思维。除课堂教学和传统媒体外，教师可以

利用在线开放课程（慕课）、网络媒体、智能网络教育平台等信息化教学手段，采用混合式教学模式开展国际学生汉语课程教学，同时利用微信、微博等社交媒体平台分享"中国好声音"。

之前的教学中，我们一般是就课文内容讲练，较多注重知识点、文化点的教学，而在课程思政教育的框架下，则要在教授知识点的基础上，引出文化点，进而提炼出蕴含其中的思政点（中华传统优秀文化、中国当代文化思想、社会主义核心价值观等），将思政点与每一个教学内容紧密结合起来，在教学的输入端和输出端引导学生更深地理解思政点，讲好中国故事。

4.5　对语言实践活动、竞赛活动围绕课程思政的主题进行系统性规划

以课程思政为理念、习近平"三进"思想为引领，丰富国际学生教学实践活动，重建第二课堂。营造"课堂、学校、社会"全方位的思政教育环境，让国际学生走出校园，在中国特色社会主义新时代的现实场景中，立体、真实地感知中国。他们的所见、所感比教师的讲授、课本的介绍更形

象生动，是国际学生真正感知到的中国，也是他们讲述自己与中国的故事、传播中华文化最真实的素材。

充分利用当前新媒体、自媒体、信息技术等的优势，以"输入—产出"模式按期组织国际学生进行实地体验，即出发前做好精心的实践主题和参观任务，活动后每人提交实践作品，学生们将所见所闻记录下来。产出形式可以根据教学要求和学生的汉语水平来安排，可以是实践报告，也可以是自拍的短视频，实践报告可以结集出版，短视频可以做成"外国人讲中国故事"系列在微信公众号进行宣传等，使课程思政实现全员、全方位育人。

总之，课程思政理念是国家教育方略，培养知华、识华、友华的国际学生，让他们讲好中国故事是我们的最终培养目标。国际学生课程思政的实施，根本宗旨在于立德树人，需要通过对教育内容的构建、重组和创新，形成各要素协同育人的国际学生课程思政教育体系。我们应该尽力探索多文化、多价值共存的留学生课堂教学体系中"思政元素"的导入模式，发挥思政"润物细无声"的作用，把社会主义核心价值观培育和塑造浸润到每个细节，把课堂转化为传播与推广中国特色社会主义文化与价值观的重要基地，让思政教育入脑入心。

参考文献

［1］韩瑞、杨国萍（2021）国际学生课程思政的实践路径探析，《科教文汇》第21期。

［2］牛白文（2019）高校来华留学生课程思政建设与实践路径研究，《开封教育学

院学报》第12期。

［3］王维丽（2021）"课程思政"元素融入对外汉语教学的思考，《文教资料》第10期。

［4］毛　雪（2020）"一带一路"视域下国际学生汉语课堂"课程思政"的探索与实践——以汉语国际教育为例，《河南教育（高教）》第9期。

［5］梁　燕（2020）新时代高校课程思政建设的若干思考，《中国教育新闻网》8月25日。

美国留学生书面语词汇的偏误与教学研究 ①

骆健飞　　胡丛欢②

提　要　汉语书面语词汇在中高年级留学生的学习中占有重要地位，而由于汉语的书面语和口语系统有相当的距离，学生在习得汉语书面语时会存在着一定的困难。本文在观察中高年级留学生书面作文材料的基础上，研究分析其书面词汇中的使用偏误，从书面词汇的意义、功能、语体和韵律四个方面分析其产生偏误的原因，并据此提出相应的教学建议。

关键词　书面语词汇；偏误分析；第二语言习得

一、引言

很多学者提出了书面语教学的重要性，陆俭明（2007）就曾指出，要

---

① 本成果受 2021 年国际中文教育研究课题一般项目资助，项目批准号：21YH36C；河北省社会科学青年基金"基于语体的汉语教学语法理论体系与实践研究"资助，项目号为：HB21YY018；北京语言大学校级项目资助（中央高校基本科研业务费专项资金），项目批准号：21YBB21。

② 骆健飞，北京语言大学博士，硕士生导师。北京语言大学汉语进修学院副教授，语言科学院章黄学术理论研究所兼职研究人员（Research Fellow），学术集刊《韵律语法研究》编辑。
胡丛欢，北京语言大学博士，石家庄铁道大学文法学院讲师，研究方向为语体语法，韵律语法。

设法让越来越多的外国人，不仅能说一口汉语，还能阅读写作，具备书面语的能力。冯胜利（2003）则提出，"书面语自有一套与口语不同的组词造句规则"。

在中高年级留学生的词语教学中，胡晓清（2001）提出了词语的语义内容、语法意义、语用内容三个方面进行教学，张捷鸿（1996）则认为应该从扩展词汇、词义辨析、剖析文化蕴含等角度进行词语教学，但是目前对于汉语书面语词汇教学，到底需要教授哪些内容，需要从哪些角度对口语词汇和书面语词汇进行辨析，如何教授给学生在何种语体、文体下选用得体的词语进行表达，还缺乏系统性和实证性的研究。因此，本文通过选取中高年级留学生议论文习作的典型实例，考察留学生在使用书面词汇中出现的偏误，分析其出现原因，并据此提出书面词汇的教学对策。

二、美国留学生书面词汇的偏误分析

2.1 留学生的偏误类型及其分布

本文选取了100篇美国哈佛、耶鲁、芝加哥等大学中文四年级的大学生作文语料[①]，考察了他们在使用书面语词汇时产生的各类偏误共284例，我们将其分为五大类，分别是：近义词使用混淆，成语使用偏误，文言虚词使用偏误，词语的语体不当和韵律偏误，它们的数据分布如表1所示：

---

① 这些大学生相当于 HSK5—6 级的水平。

表1 留学生在五大类偏误上的数据分布①

项目	数量	百分比
近义词使用混淆	109	38.4%
成语使用偏误	30	10.6%
文言虚词使用偏误	49	17.3%
词语的语体不当	61	21.5%
韵律偏误	35	12.3%
总计	284	100.1%

通过以上表格可以看出，因为词语意义相近而造成的混淆使用是留学生在使用书面词汇中出现偏误最多的，另外，选词的语体不当，以及部分文言虚词也是他们易出现偏误的项目，我们将表1中的每个类型的偏误又分出了小类，如表2所示：

表2 留学生在各类偏误上的数据分布

项目	子类	数量	百分比
近义词使用混淆	a.词语意义相近产生偏误	68	23.9%
	b.句法成分或搭配偏误	23	8.1%
	c.翻译有误	18	6.3%
小计		109	38.4%
成语使用偏误	a.成语本身记错	3	1.1%
	b.该用成语而没用	4	1.4%
	c.成语使用偏误	23	8.1%
小计		30	10.6%
文言虚词使用偏误		49	17.3%

① 因小数点四舍五入问题，各项百分比之和并不一定是100%，可能出现0.1%~0.5%的误差，属正常现象。下同。

项目	子类	数量	百分比
词语的语体不当	a.选词的语体不当	46	16.2%
	b.书面句式中用词不当	15	5.3%
小计		61	21.5%
韵律偏误	a.音节搭配问题	24	8.5%
	b.嵌偶单音词	4	1.4%
	c.合偶双音词	7	2.5%
小计		35	12.3%
总计		284	100%

通过上表发现，留学生在每个子类的偏误分布仍然有所不同，下面就分述各种偏误类型并举例说明。

2.2　近义词使用混淆

该类偏误共109例，可以分为如下三小类：

2.2.1　因词语意义相近而产生偏误

（1）*在美国有更多学生上艺术等更豁达的学校。（开放）

（2）*美国现在的教育体制已经是一流的，被很多国家临摹。（模仿）

（3）*中国以前是一个贫乏的国家。（贫穷）

（4）*因为一个人的经济条件，社会地位，所以不堪负担大学的学费。

（无法）

这类偏误的主要特点是，学生选用的词语与正确的词语，均有类似的释义，或在词典中具有互释关系（下文会举例说明），但它们在意义的偏向上有所不同，此类偏误共68例，占该大类的62%。

2.2.2 词语充当的句法成分不同，与其他成分的搭配也不同

（5）*下述不同的例子是最显然的。（明显）

（6）*另外一个差别是梁祝的故事有一个喜剧的结束。（结局）

（7）*他们被中国文化历史甚至电影所引起。（吸引）

这类偏误的特点是，学生选用的词语与正确的词语在词性上、搭配上都不同，如"显然"是副词，"明显"是形容词，"结束"是动词，"结局"是名词，而"引起"的搭配是"A引起B"，"吸引"则是"A被B所吸引"，这类偏误共23例，占该大类的21%。

2.2.3 学生直译某词造成的偏误

（8）*连哈佛的研究生也除了自己的焦距以外，对别的科目多半儿一窍不通。（专业）

（9）*他们对中国的国固抱着很大的兴趣。（传统）

例（8）和（9）基本上是由于翻译时选取了不恰当的词项造成的。这类偏误共18个，占该大类的17%。

2.3 成语使用的相关偏误

留学生的书面语表达中，成语是重要的一项内容，学生在学习成语的

同时，也会尝试使用，当然在尝试使用时，就会造成一些偏误，主要可以分为以下三类：

2.3.1　成语本身记错

这类情况共出现了三例，分别是：

（10）*还有那家家互晓的美味佳肴。（家喻户晓）

（11）*1948年十月底，国军人尽弹耗，举白旗投降。（弹尽粮绝）

（12）*不服从父母是爱情得以实现的必须之路。（必由之路）

这三个成语分别应该是"家喻户晓"、"弹尽粮绝"、"必由之路"，学生似乎对这些成语有印象，但个别字词记忆有误。

2.3.2　该用成语而没用

这类情况共出现四例，如：

（13）*因此中国的小说、戏剧在元朝时代得到了出奇的注意和发展。（前所未有）

（14）*他们看不见世界的多样性，也看不见历史的富裕。（丰富多彩）

例（13）如果使用"前所未有"则显得书面性更强，而例（14）也应该将"富裕"替换为"丰富多彩"。

2.3.3　成语使用偏误

这类偏误较多，共23个，可分为如下小类：

1. 误受程度副词修饰

汉语的成语一般不能受程度副词修饰，而有时留学生为了强调其程度深，误用了程度副词，如例（15）和（16）：

（15）*人性教育在教育界里很风靡一时。
（16）*他写的Annals从特别居高临下的角度记录皇帝的历史。

2. 成语后误加宾语或小句

汉语的成语一般不能带宾语，而有时留学生为了表达更多的意义，在成语后误加了宾语或小句，如例（17）和（18）：

（17）*我百思不解怎么能够概括。
（18）*越南北部一次又一次徒劳无功反抗外侵及统治。

3. 成语的意义理解不当造成误用

汉语的成语一般都有特定的所指和适用范围，如果学生对成语的意义把握不准，也会造成误用的现象，如例（19）和（20）：

（19）*美国大学生也爱好中国的声色犬马的文化。
（20）*与中国南方几千年悠久的历史相比，东北短短的几百年的历史更显得寥寥无几。

2.4 文言虚词使用偏误

汉语的虚词系统，在典雅体和口语体中，也有不同的词汇、词法表现，因此从这个层面上来说，一些文言虚词的教学也属于书面词汇教学的一部分，而留学生在文言虚词的使用上，也会出现与口语词混用的现象，这类偏误共出现49例，下面分别举例说明：

2.4.1 在书面语体表达中使用了口语词汇

（21）*我最近念了一本跟中国穆斯林有关的书，但是他书分析中东历史的部分都充满了事实上的错误。（该）

（22）*因此美国大学生不知道一条新闻的完整故事。（该）

上述两个例子应该使用"该［X］"的结构，而留学生误用了口语性较强的词语来表示。

2.4.2 文言虚词与口语虚词混淆使用

很多文言虚词有与之对应的口语虚词，留学生如果未能对其有较好的理解，则可能混淆使用，如下述四例：

（23）*持肯定的态度的人从72%沦为到小小的16%。

（24）*把战争称之为"北方侵略战争"。

（25）*历史还包括普通老百姓及其他们的日常生活。

（26）*最终二人私定于在月下桑树旁会面。

例（23）中，"为"即为"到"的意思，例（24）则是"之"的指代与"把"字句混淆了，（25）中的"其"即为"他们"，（26）中的"于"即是"在"的意思，学生重复使用了这两种表达手段，造成偏误。

2.4.3 文言虚词选用偏误

在有些句子中，留学生尝试使用文言虚词，却选用了错误的词语进行表达，如下面的例子：

（27）*这些有名的大公司也还是以桑尼威尔当做总部。（把）

（28）*最终被老板和其他的蒙古骑士冠于世界上最疯狂但是最厉害的女人的称号。（以）

2.5 词语的语体使用不当

在汉语的词汇系统中，存在口语词汇和书面语词汇两种系统，二者在意义上可能有对应的关系，但不同的语体则适合于不同的场合和表达的内容，如果留学生未能对其语体进行区分，则会造成偏误，下面就是因为语体问题造成的偏误。

2.5.1 选词语体不当

留学生在进行书面表达时，未能使用相应的书面用语，而是选用了口语形式，造成了语体冲突，此类现象共有46例，如：

（29）*很多美国学生最担心的经济问题还是中国的便宜劳力抢美国人饭碗的现象。（廉价）

（30）*美国人常光靠着他们对华侨的接触来看待中国。（仅凭）

2.5.2 书面语句式中的用词不当

一些书面词汇在特定的句型中，有固定的使用方法，如果学生未能掌握这些用法，也会造成书面词汇的使用偏误，这类偏误共15个，如下所示：

（31）*我把我的国际角度归咎于我的亚洲的经验。（归结为）

（32）*Troy如今的面貌不无历史无关。（与历史不无关系）

2.6 韵律方面的偏误

冯胜利（2006）指出，"双音模块是保证典雅风格的韵律条件。……因此，在书面语里，话要典雅也必双。这既是韵律构词的要求，也是典雅文体的需要。"因此，在使用典雅、正式文体进行书面表达时，留学生需要使用与平时口语中不同的韵律模式进行表达，如果不进行相关的训练和予以一定的注意，在使用中则会出现相应的偏误。留学生在韵律方面的偏误主要集中在以下三个方面上。

2.6.1 音节搭配问题

在单双音节的组配上，留学生如果缺乏韵律感和韵律意识，则容易出现偏误，这类偏误共24例，如下所示：

（33）*中国学校积极培养学生努力读学术书。

（34）*有些美国学生非常亲中国。

（35）*我们专门从海登陆攻击敌国。

（36）*两个人互相爱的时候，婚礼一定是完美的。

2.6.2 嵌偶词偏误

冯胜利（2006）对"嵌偶单音词"进行了定义："必须嵌入双音节模型才能使用的单音词，叫做嵌偶单音词"，"语法自由，韵律粘着"是它们的语法属性，它们不能"单说"，必须在"双音节"模块里面才能说。因此，在留学生写作中，其使用难度较高，也会出现一定的偏误情况，如：

（37）*后来发生了一连串的事情，让中国在我学校里风靡一时。

（38）*经济对大选举大有影响。

2.6.3 合偶词偏误

合偶双音词要求出现在［2+2］的韵律模型中，其中也包括一部分形式动词，如：

（39）*作者的态度难以不出现。

（40）*我觉得美国政府一定要进行新的政策解决这个问题。

三、偏误产生的原因探析

3.1 近义词的辨析问题

随着词汇量的增加，更多的近义词、形近词出现，容易出现混淆，再加上词典或教科书的释义也可能给学生带来错误的信息，使得留学生在词语的使用上造成混淆，在本研究中也是偏误出现最多的一部分，占38%。

以上文的（3）为例，学生把"贫乏"和"贫穷"混淆使用了，而我们在查阅《现代汉语词典》（第七版）时，"贫乏"的释义为：贫乏［形］①贫穷：家境~。②缺少；不丰富：内容~|知识~|生活经验~。也就是说，在词典中，"贫乏"和"贫穷"被注释为了同义词，那么学生在选择时就可能受到干扰。再看例（4），学生误用了"不堪"，而在《现代汉语词典》中，"不堪"的释义为：①［动］承受不了：~其苦|~一击 ②［动］不可；不能（多用于不好的方面）：~入耳|~设想|~造就……。如果用这些释义，学生所写的"不堪负担大学的学费"似乎也可以解释得通，却造出了不合法的句子。

3.2 书面语体的词语、句式有自己的特点

冯胜利（2006：4）指出，"汉语的口语和书面语之间有很大的差异，这是书面语的第一个特征。比如口语说'一样'，书面语说'同'；口语说'甭'，书面语说'不宜'……"，而这些差别在留学生的学习中，如果没能得到足够的重视，则会出现语体冲突的问题，在撰写政论文、学术评论、新闻评论等文章时，不能正确地使用书面辞汇进行表达。

3.3 文言虚词的特点

汉语的文言虚词在用法和韵律上，均与口语虚词有一定的差异，这里以"之"和"的"的对比来说明。古汉语的"之"在现代汉语中仍然有所沿用，它的其中一个义项相当于汉语的"的"字，如：

北京之春——北京的春天

平台之上——平台的上边（冯胜利，2009a：183）

但它们的句法表现和韵律属性却不同，它们之间有如下的对立：

（41a）［北京］［之春］——*［北京］［之春天］

（41b）*［北京的］［春］——［北京的］［春天］

（42a）［平台］［之上］——*［平台之］［上边］

（42b）*［平台的］［上］——［平台的］［上边］

我们在教学时，虽然会讲解某个文言虚词的意义和用法，但对其与口语虚词的对比方面则有所欠缺，也就造成了留学生的一部分偏误。

3.4　韵律方面的原因

吕叔湘（1963）就已经指出，在现代汉语中，单音节多半不能单说，双音节单位越来越多，并探讨了汉语双音化的倾向，冯胜利（2003、2006）也谈到的书面语理论以至于后来提出"嵌偶"和"合偶"，把单双定性成为"语法"问题，由此单双音节问题被纳入了韵律构词和韵律句法的理论框架内，没有韵律系统，无法解决"单双"的语法问题。只有在韵律构词和韵律句法里面，才能谈"单双"的语法。因此，韵律问题对留学生的写作并不只是优美、流畅的问题，而是正确与否的问题，而这也正是为留学生所忽视的一个范畴。例如我们可以说"我校"、"我们学校"，却不能说"*我们校"、"*我学校"，这四个短语在意义上几乎相同，但它们的合法与非法的对立则是韵律造成的，因为此处"校"是一个嵌偶单音词，它必须嵌入一个双音节模块才能使用，因此"我校、贵校、该校、名校"都可以说，而与之对应的"*我学校、*贵学校、*该学校、*名学校"则不合法。

四、教学对策

在分析了留学生常见偏误和产生原因之后，我们提出了"四位一体"的书面词语教学方法，具体说来，在教授一个书面性较强的词语时，要同时强调如下四点，并予以充分的解释和例证，才能使学生充分理解和掌握。

首先是结构，教师应该充分介绍该词的词汇意义，与之对应的口语的表达方法，如有需要也可以辅以英文释义。其次是用法，即该词的语法属性，可以做的语法成分以及主要搭配对象。再次是语体，由于书面语的表达形式与口语有较大的区别，因此对于词语的语体特征的把握也是至关重要的一个方面。最后是韵律特征，书面语体对韵律有着特殊的要求，如果某词在韵律上表现出一定的限制，那么教师也应该提醒学生注意。下面以几个书面语词汇为例，展示如何在教学中体现这种"四位一体"的设计和思路。

4.1 "风靡"的教学设计

（1）意义：表示"流行"的意思，形容事物很风行，英文可以解释为 fashionable, in vogue, become popular等。

（2）用法：动词，后常接地点宾语或时间宾语，一般强调整体性，地方大，时间长等方面。

（3）语体：在正式语体中使用，可用于新闻报道、新闻评论、文学评论、历史传记等表达场合中。

（4）韵律：该词后只能接双音节名词，不接受单音节名词，即不能形成［2+1］的韵律模式。

据此我们可以给学生"风靡全球、风靡世界、风靡一时"等搭配，通过解释这些搭配的意义，让学生了解"风靡"的词义，并让学生了解它们的结构关系，常与哪些词语搭配，同时，可以在这些短语的基础上，扩展到小句、语段中，让学生体会它们出现的语体环境，如：

（43）英国于1624年就颁布了《垄断法规》，符合技术和经济发展的规律，故能历经三百多年而不衰，风靡全球。

通过这样的语段，让学生体会到"风靡"一词的使用环境和语体特征。

最后，可以通过音节数量的不同与合法性的对比，让学生了解其韵律特征，例如，我们可以说"风靡沪上"，但其实"上"在这里并没有实际的意义，只是凑足音节使用，保证其［2+2］的音节组配。

4.2 "游历"的教学设计

"游历"一词，在《现代汉语词典》中的释义是"到远地游览"，给的例子是"游历名山大川"，但如果我们只是简单地告诉学生这个释义，恐怕会造出很多错误的句子，学生只要去一个很远的地方，就都可能使用

"游历"一词，因此我们需要更多的线索让学生掌握：

（1）词义：游览、经历，通常是很遥远的地方，同时，区别于旅游，"游历"更侧重于在行走过程中知识的传播与心灵的感悟，更注重过程而非享受。

（2）用法：动词，后常接地点宾语，可以实指某个地方，也可以用泛称的词语，如：各国、祖国各地、名山大川等。

（3）语体：正式、典雅语体。一般用于传记、散文、杂文等文体中。

（4）韵律：其后一般使用双音节宾语，四音节亦可，但不能为单。

在此基础上，我们可以给学生提供一个语段，让学生综合体会以上四点特征：

（44）王羲之，字逸少，山东临沂人。他七岁开始跟随卫夫人学习书法，以后游历名山大川，广集秦汉诸家书法之大成……

用此方法，也可以对汉语的文言虚词进行教学，下面以"之"为例进行说明。

4.3 "之"的教学设计

孙德金（2012）指出，在现代书面汉语中，"之"是一个高频词，一是助词，二是代词。此处就以助词为例，阐释如何在对外汉语教学中进行讲练。

（1）词义：在现代汉语中，也会常用"之"字结构进行表达，其基本意义就是"的"，表示领属结构。

（2）用法："……之X"结构是现代书面汉语中使用最多的一中结构类型，也是一中富有表达力的形式，难有可以替代的形式。X一般是名词性成分，也有动词性成分。X可以是黏着的，也可以是自由的。（孙德金2012：128）

（3）语体：书面表达使用，其特定的句法、语义和语用功能，是现代汉语口语词汇无法替代的。

（4）韵律：在"X之Y"这个结构中，X和Y成分的音节数量有多重组配模式，如：

春之歌［1+1］，北京之春［2+1］，止血之功效［2+2］，天之骄子［1+2］，救国救民之真理［n+2］等，但如果将这些都教给学生，则会造成他们的使用混乱，因此我们有必要对其进行梳理和精简，骆健飞（2015）在统计了北大CCL语料库前130个无重复的"X之Y"用例后发现，其中［2+之+1］的结构模式，亦即"AA之B"韵律模式的数量在该结构中占绝对优势，共107例，占82%以上，因此我们可以先选择这种韵律模式介绍给学生，并辅以多个例词，如"生活之美、世界之首、艺术之都、北京之行"等等，让学生体会其用法和韵律模式。

五、总结

本文通过考察留学生在书面作文中的实际语料，调查他们在书面词汇使用上的常见偏误，分析了留学生在习得书面词汇时的重点和难点，并据此提出了"四位一体"的书面词汇教学方法，有助于留学生掌握标准的正式语体的表达方式，并能运用一些典雅词汇进行书面表达。

参考文献

［1］冯胜利（2003）书面语语法及教学的相对独立性，《语言教学与研究》第2期。

［2］冯胜利（2006）《汉语书面用语初编》，北京：北京语言大学出版社。

［3］冯胜利（2009a）《汉语的韵律、词法与句法》，北京：北京大学出版社。

［4］冯胜利（2009b）论汉语韵律的形态功能与句法演变的历史分期，《历史语言学研究》，北京：商务印书馆。

［5］冯胜利（2010）论语体的机制及其语法属性，《中国语文》第5期。

［6］胡晓清（2001）中级汉语阶段的词汇教学，《对外汉语教学与教材研究论文集》，北京：华语教学出版社。

［7］陆俭明（2007）作为第二语言教学的汉语教学必须重视书面语教学，《对外汉语研究》第1期。

［8］骆健飞（2014）中高年级留学生韵律偏误分析及教学策略——以书面语写作为例，《云南师范大学学报》（对外汉语教学与研究版）第5期。

［9］骆健飞（2015）韵律、语体、语法：汉语动词辨析及教学的新视角，《云南师范大学学报》（对外汉语教学与研究版）第1期。

［10］骆健飞（2015）汉语"之"字结构的韵律模式研究，《邵阳学院学报》（社会科学版）第6期。

［11］吕叔湘（1963）现代汉语单双音节问题初探，《中国语文》第1期。

［12］孙德金（2012）《现代汉语书面语中文言语法成分研究》，北京：商务印书馆。

［13］张捷鸿（1996）对外汉语高级阶段的词汇教学，《山东师范大学学报》第5期。

线上课程中教师中介作用探析

——以《成功之路跨越篇·听和说》第8课为例

沈红丹[①]

提　要　本文通过对中级汉语听和说线上教学案例分析，探析教师在线上课程中的角色和作用，指出教师的中介作用主要体现在为学生搭建"脚手架"。"脚手架"分为纵向和横向两种。教师利用"脚手架"来引导学生有效学习，其目标是帮助学生提升语言能力和学习能力。

关键词　教师中介作用；线上课程；纵向脚手架；横向脚手架

一、引言

2020年的新冠肺炎疫情使得学生无法正常返回学校学习，线上教学骤然间大规模铺开，成为主要的教学和学习方式。而随着后疫情时代国内新冠肺炎疫情得到控制，在线教学从应急走向一种"新常态"。（黄荣怀等，2021）教学手段和形式上的巨大变化促动着教学模式、教学方法、教学理念等也都随之发生了巨大转变。这其中，教师对自身角色和作用的认知是一个重要的转变。

[①]　沈红丹，女，硕士，北京语言大学汉语国际教育学部汉语进修学院讲师。研究兴趣：国际汉语课堂教学法和教师发展。

资源丰富是线上课程的优势之一，然而如何从浩瀚如烟的资源中获得所需要的信息却成为横亘在学习者面前的一道难题。在线上课堂中，教师既要引导学生迅速、精准地获取所需要的信息，培养他们独立获取信息的能力，同时还要随时为他们的学习活动做好"服务"，帮助他们克服线上学习的各种障碍，保持顺畅地互动和交流，辅助他们逐渐适应线上教学模式。也就是说，教师不仅要帮助学生获取知识，更要帮助他们获取通往知识的"管道"。"教师是决定课堂教学质量和效率的关键因素。"（文秋芳，2018）教师正确认识自身在线上教学中的角色和作用对于教学顺利、成功地展开至关重要。本文结合实际教学案例，来探析两个问题：（1）线上教学中教师的角色是什么？（2）线上教学中教师如何发挥自己的作用？

一、线上教学案例背景分析

本文所选案例课程是中级汉语听和说，该课程是一门专项技能课。2020年受疫情影响，该课程改为线上授课。为了解线上授课条件的变化，我们对案例的教学背景做一个简要分析。

1.1 教学对象

中级汉语听和说教学对象是汉语水平达到HSK四级以上，词汇量一般在2000~2500的学生。这个阶段的学生已具备基础汉语本体知识（语音、词汇、语法等）储备，对中国的社会文化也有了一定的了解。疫情以前，大部分学生在北语学习过，而疫情使得学生无法回到课堂学习，线上学习成为唯一途径。这个突如其来的变化给学生们造成了不同程度的焦虑和不适应心理。但另一方面，线上教学打通了时空限制，更多的学习者有机会选择自己合适的时间、方式来学习汉语，这使得学生的类型更加多样化。

1.2 教学内容和教学目标

中级汉语听和说是一门专项技能训练课，教学内容包含听、说两部分，所使用教材是《成功之路提高篇·听和说》（中级上）和《成功之路跨越篇·听和说》（中级下），主张先听后说，以听带说，以说促听。

中级汉语听和说课程的教学目标是：①能够听懂语速正常、内容较复杂的听力语料，并较为准确地抓取、理解所需要的信息；能够用较丰富的词汇、较复杂的句式，流利且准确的表述自己的观点、描述事件发展或完成交际任务，表达的内容具有一定的长度和深度。②能够学习并掌握语料所提供的重点语言知识以及文化信息；能够运用思维导图、关键词、关键句等建构表达框架，并对听力内容以及话题进行分析、评论，发表自己的观点；能够运用从语料中获取的信息来解决问题。③能够通过听力语料及互动讨论，了解中国当前社会面貌以及文化、历史等，培养对汉语的兴趣，立体化地学习汉语。新发布的《国际中文教育中文水平等级标准》中等第四级对"听"的能力描述是："能够听懂涉及四级话题任务内容的非正式对话或讲话（400字以内），对话或讲话发音自然、略有方音、语速正常（180~200字/分钟）。能够规避其中不必要的重复、停顿等因素的影响，准确获取主要信息。能够听出言外之意，意识到对话或讲话中涉及的文化因素；能够掌握四级语言量化指标的音节，发音基本准确，语调比较自然。对"说"的能力描述是：能够使用本级所涉及的词汇和语法，完成相关的话题表达和交际任务。具备初步的成段表达能力、能够使用一些比较复杂的句式叙述事件发展、描述较为复杂的情景、简要陈述观点和表达感情进行一般性交谈，表达比较流利，用词比较准确。"二者在描述内容上基本一致。

1.3　线上教学条件

21世纪以来，信息技术在汉语教学中的应用日渐深入，与线上教学和学习领域相关的信息技术迅猛发展，硬件、软件、平台、AI技术、数据库等研发都取得突飞猛进的进步，慕课、微课、混合课程、翻转课堂、自适应学习等以各自的特点和优势满足着不同的学习需求。"信息技术的角色已经或正在从表层的辅助手段向深层的基本形态和主导力量转变，有必要予以重视。"（郑艳群，2019）毫不夸张地说，信息技术推动了教育革新，而教育革新促动着教学的主体之一——教师也在转变：从教室里的传统教学设备，转变到到主动学习、利用各种信息技术并将其应用到教学中。"有了电脑科技工具和平台，老师教学有了更多可以使用的资源和教学手段，而这些资源和手段可以提高教学效果，缩短师生的距离。"（何文潮，2020）如何合理、恰当地将信息技术服务于教学，目前还处于探索阶段。下面就结合具体案例，来探析线上教学中教师的角色和作用。

二、案例分析：教师在线上教学中的角色和作用

2.1　关于教师的"脚手架"作用

与线下课堂教学相比，线上教学空间的不同让师生交流发生了质的改

变：学生不能像在实体教室里那样和老师面对面交流，甚至有些学生可能无法参与固定时间的直播课堂与老师和其他同学同步学习，只能通过教学录像异步学习。以网络为媒介的交流客观上限制了师生、生生间的有效互动，而互动对于语言课至关重要，不仅仅是因为互动交际是语言训练不可缺少的一部分，更重要的是学习语言过程中，学生更多地需要教师及时、有效地指引，才能真正获得理想的进步，达到学习目标。线上教学中，师生间的时空分离大大削弱了师生之间的联系，因此教师需要更加详细的教学设计，并掌握、运用得力的线上教学工具来保障教学质量。那么，在线上教学中，教师应如何指引学生？教师发挥着什么样的作用呢？

曹巧珍（2017）提出了教师的"中介作用"，即教师以教学目标为导向，为学生搭建学习的"脚手架"，帮助学生克服线上学习的种种困难，顺利完成学习任务。我们认为，在线上教学中，教师在学生和学习内容、资源之间起着中介作用，而实现这个中介作用的方式就是为学生搭建"脚手架"。那么，教师要如何合理地搭建脚手架？又如何利用"脚手架"帮助、引导学生学习呢？

为保证搭设的"脚手架"合理性，教师首先要明确本课的教学目标。在教学中，目标尤为重要，教学是一项有目的的理性行为，目标指出预期的学生学习结果（布卢姆，1986）。不同类型的目标要求不同的学习方式，因此，教师在教学中所选择的学习环境、学习活动都应该和对应的目标相契合。（黄荣怀等，2021）本案例选用的教学内容是《成功之路跨越篇·听和说》第8课第二部分："拒绝别人很难"，包括一个听力课文、与话题相关的语言知识以及一个口语表达任务。计划教学时长为两课时。本案例设定教学目标是：①掌握与本课话题相关的表达式、熟语及词汇，能够听懂听力课文，准确抓取理解所需信息，顺利完成相应的听力练习；②能够用所学习的词汇、熟语、表达式准确地表述自己的观点、描述事件发展、完成交际任务，表达的内容具有一定的长度和深度；③能够运用思维导图建构表达框架，发表自己的观点；④了解有关"拒绝"的交际策略以及文化内涵，能够运用从本课中获取的知识以及学生头脑中已有的相关信息来解决实际交际中的问题。可以看出，这四个教学目标按难度逐级上升。确定教学目标后，教师以此为导向，为学生搭建"纵向"和"横向"两个维度的"脚手架"，也就是说，教师既要对本课的教学环节、教学内容和任务做整体的设计，搭建"纵向脚手架"，也需要在每一个教学环节中设定合理的小目标，并对小目标的具体教学内容和任务做出细致安排，搭建"横向脚手架"。教师引导学生在两个维度"脚手架"的辅助下逐步提升，最终实现教学目标，即：能够发表自己的观点，解决实际交际中的问题。

当前一般把线上教学分为课前、课中、课后三个阶段，每个阶段的任务和功能不同。与线下课程相比，线上课程中课前和课中阶段的重要性大大提升，其功能不仅是监督、促进学生的学习情况，而且还能够帮助教师及时获取学生的学习情况数据，使教学更有针对性。目前课前阶段和课后阶段的设计、研发尚且不够，应该是未来很值得深入研究的领域。而本文关注的是教师的角色和作用，这在课中阶段体现得更为突出。因此，我们选取了一个两课时直播课教学案例，分析教师如何搭建"脚手架"，并通过"脚手架"引导帮助学生学习。

2.2 "纵向脚手架"设计

设计"纵向脚手架"前，教师首先要明确几个问题：本课的教学内容可以分为几个层面？设计哪些教学环节最合适？每一步教学环节的目标是什么？是否内容环环相扣、难度步步提升？作为中级汉语听说课，既要训练、提升学生的听、说技能，又要让学生掌握交际中所需的语言知识、语用策略、文化观念。因此，在本案例中，一共设计了五个教学环节：知识学习、技能训练、文化策略、交际任务、巩固提升。详见图1。

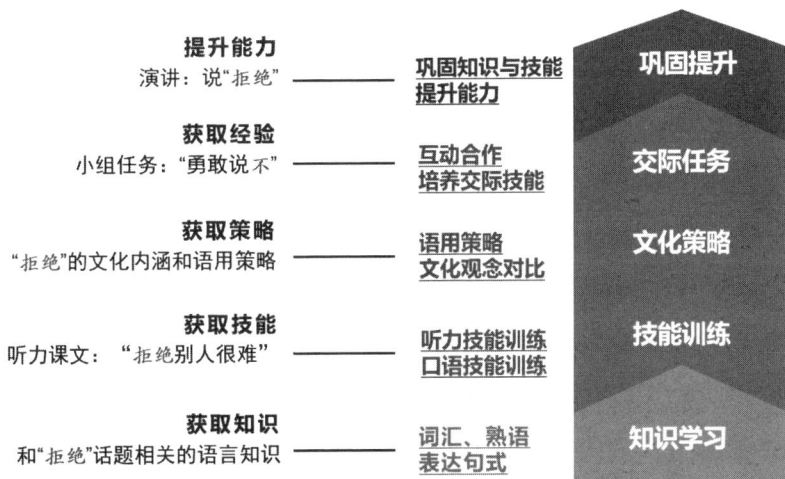

提升能力		
演讲：说"拒绝" ———	巩固知识与技能 提升能力	巩固提升
获取经验		
小组任务："勇敢说不" ———	互动合作 培养交际技能	交际任务
获取策略		
"拒绝"的文化内涵和语用策略 ———	语用策略 文化观念对比	文化策略
获取技能		
听力课文："拒绝别人很难" ———	听力技能训练 口语技能训练	技能训练
获取知识		
和"拒绝"话题相关的语言知识 ———	词汇、熟语 表达句式	知识学习

图1　纵向脚手架

本课的话题是"拒绝"，五个教学环节都围绕着"拒绝"这个话题而设计。第一个环节是知识学习，目标是获取知识，即引导学生学习并掌握与话题"拒绝"相关的语言知识，包括词汇、熟语、口语表达式等；第二个环节是技能训练，目标是提升听说技能，围绕听力课文"拒绝别人很难"进行听力技能训练和口语技能训练，先听后说，听说训练互为条件；第三个环节是文化策略，目标是获取策略，即与话题"拒绝"相关的文化内涵和语用策略，引导学生了解并在交际中正确使用这些语用策略，能够对比不同国家文化观念上的差异；第四个环节是交际任务，目标是获取经验，常用的方式是通过小组互动合作，引导并训练学生完成设定语境下的交际任务，帮助学生获取交际经验，培养交际技能；最后的环节是巩固提升，目标是提升能力，教师一方面要帮助学生巩固本课学习的重点内容，另一方面要利用思维导图、图表、表格、关键词句等搭建表达框架，帮助学生进一步提升"说"的能力，达到自由表达的教学目标。

这五个环节以话题"拒绝"为中心，涵盖了知识、技能、策略、交际、能力等五个方面，步步推进，环环相扣，搭建了一个听说专项技能训练课程的纵向"脚手架"。教师不仅仅是"脚手架"的设计者，更要在教学中指引学生，正确理解、使用"脚手架"，步步提升，最终达到本课的教学目标。

2.3 "横向脚手架"设计

如上所述，"纵向脚手架"从整体上为教学过程提供了构架，而保证"纵向脚手架"顺利实施的前提是每一步目标的实现，这就需要明确每个环节的目标以及分解环节内部构成要素，即搭建环节内部的"横向脚手架"。参见图2。

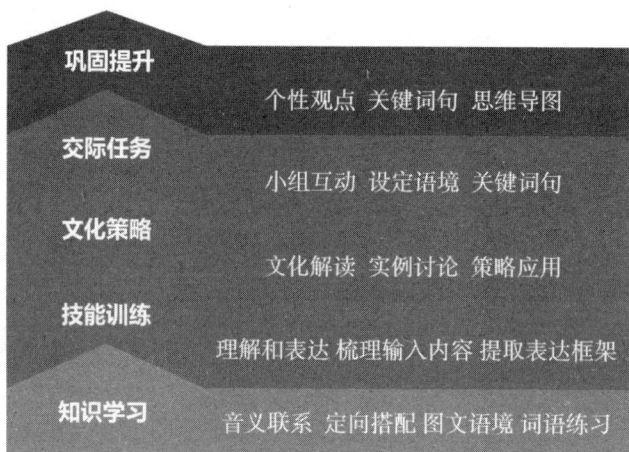

巩固提升　个性观点　关键词句　思维导图

交际任务　小组互动　设定语境　关键词句

文化策略　文化解读　实例讨论　策略应用

技能训练　理解和表达　梳理输入内容　提取表达框架

知识学习　音义联系　定向搭配　图文语境　词语练习

图2　横向脚手架

最底层是知识学习环节，这是教学的第一环节。这个环节的教学内容是本课的词汇、熟语、表达式，教学目标是帮助学生迅速建立音义联系，并激活学生头脑中关于本课话题的知识图谱。因此我们将这个环节分解为音义联系、定向搭配、图文语境、词语游戏四个要素。教师利用这四个构成要素搭建一个高效学习的脚手架，帮助学生合理分配学习时间，将注意力聚焦在重点内容上，花最少的时间，高效精准地掌握语言知识。

我们将这部分的教学内容分成几类：对于普通生词，仅要求学生快速在头脑中建立该词的音义联系；对于重点生词则需要学生进一步掌握它们的定向搭配和用法。要注意的是，这里说的重点词语指的是有助于学习者理解课文重点内容以及在交际中表达本课话题的词语，而所谓定向搭配指的是与本课课文中出现的用法相一致的搭配，为了提高效率，我们一般只提供一到两个这样的定向搭配；对于熟语和表达式，教材中提供的熟语和表达式都是需要掌握的重点知识，学生们不但要记住，而且还要会用，因此，我们采用图文语境的方式，即选取合适的图片配合恰当的文字，创造出一个能够运用该熟语或表达式的语境，让学生能够迅速地理解其意义，并掌握用法。如图3所示，如何让学生掌握表达式"该……就/还……"？我们首先在左边第一张ppt上给出图片，图片中的女孩很困，却还在看书，图片下方是一组文字对话："A：我好困啊，可是报告还没有写完。B：该睡觉就睡觉，休息好了效率更高。"通过这样精心设计的图文语境让学生准确理解这个表达式的含义："应该怎么做就怎么做"，并用红色字体来强调。接着，再给出第二张ppt，仍然是图文语境，图片上这个男人在说："just say no！"汉语的意思就是"该说不就说不！"，配合着图下面的文字，学生们很容易就能够准确理解图文所表述的语境，并顺利地用表达式"该……就……"完成句子了。

图3　图文语境教学法

　　为了帮助学生快速内化新学习的语言知识，我们还需要设计相应的练习，这个练习不能占用太多的时间，要短时、高效、有趣。线上教学环境中，教师应该利用借助各种线上技术、工具和手段来设计合理的练习，促进学生更加高效、主动地学习。在这个环节中，我们发现词语游戏是比较合适的练习形式。目前网络上有很多可以自动生成游戏的网站，比如Quizlet、Kahoot!、Gimkit以及许多H5游戏制作网站等，教师只要在网页上选取合适的游戏形式，输入练习内容，就可以自动生成相应的游戏，通过分发二维码的方式，就可以让学生们练习了。线上词语游戏制作简单，使用方便，而且富有趣味性，能够调节课堂节奏和气氛，是一种不错的教学手段。

知识学习环节完成后，就进入第二个环节：技能训练。教学内容是围绕课文进行听说训练，包含理解和表达训练、梳理输入内容、提取表达框架三个构成要素。理解主要指听，表达主要指说，教师通过设定的听力练习引导学生理解课文内容，并训练其听力微技能，如快速搜索关键信息、跨越词语障碍、概括推理等技能。同时，听力课文内容是关于本课话题的最直接输入资料，教师应充分利用：一方面要帮助学生梳理课文中的主要、重要信息，并进行编码加工，储存在大脑中，以备输出时使用；另一方面利用引导问题、表达框架、思维导图或表格等，帮助学生以课文内容和结构为范本素材，提取输出表达框架。如图4所示，本案例中采用了引导问题和表达框架，引导问题用来帮助学生梳理出课文的主要内容，表达框架则用来帮助学生梳理课文中的重要信息以及篇章结构，学生利用这个输出表达框架不仅能够复述课文中的内容，而且也可以表达自己的观点。

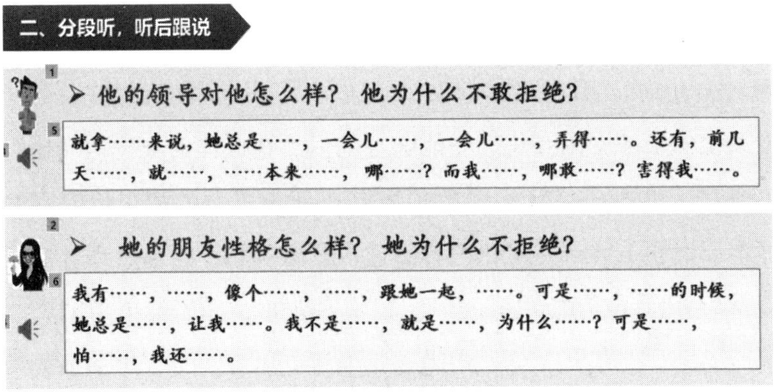

二、分段听，听后跟说

1 ➤ 他的领导对他怎么样？ 他为什么不敢拒绝？

就拿……来说，她总是……，一会儿……，一会儿……，弄得……。还有，前几天，就……，本来……，哪……？而我……，哪敢……？害得我……。

2 ➤ 她的朋友性格怎么样？ 她为什么不拒绝？

我有……，……，像个……，……，跟她一起，……。可是……，……的时候，她总是……，让我……。我不是……，就是……，为什么……？可是……，怕……，我还……。

图4 引导问题和表达框架

133

利用表格或思维导图提取表达框架是目前很受欢迎的两种方式，因为图表清晰直观、层次分明，能够帮助学生梳理文章的结构，存储信息，而且为学生提供表达框架，有助于学生把握表达的层次以及篇章结构，保证输出有质量的言语作品。如图5所示，学生通过填写表格既梳理了课文内容，使得储存的信息条理化，同时也为表达提供了篇章结构的逻辑框架。

二、听后完成练习。

• 短文一：现代人的时髦生活

不健康的生活方式	对人的影响	专家建议
1.		
2.		
3.		
4.		

1. 听第一遍，填写表格左边一栏。
2. 听第二遍，填写表格另外两栏。
3. 根据表格信息，说一说短文的主要内容。

图5　以表格提取表达框架

技能训练后就进入文化策略环节，教学内容是与本课话题相关的文化内容和语用策略，包含文化解读、实例讨论、策略应用三个构成要素。

不同文明之间需要相互对话、相互尊重、相互理解、相互学习（李泉，2011）。因此，教师需要帮助学生去解读言语交际行为背后的文化因素，帮助他们了解中国文化，并能够与他们所在群体的文化做对比，加深沟通、理解。在教学设计上，教师需要找到语言学习和文化内容的契合点，即本课话题关涉哪些文化内容，选取其中的哪个方面、以什么样的方式呈现学生才乐于接受。如图6所示，本案例中，我们解读中国人"拒绝难"的原因是"面子"文化，中国文化中讲究以和为贵，拒绝他人常被看做是一种扫别人面子、破坏和谐人际关系的不礼貌的言语行为，因此很难拒绝别人，即使必须拒绝别人，也要特别考虑到对方的需求和情况，尽量不损害对方的面子，即留面子。反映在语用策略上，中国人倾向于不直接拒绝，而是委婉地暗示，而很多欧美国家的学生则表示在他们国家的文化中，直接拒绝是更常用的交际方式。最后，教师通过几个和"面子"有关的常用短语，帮助学生进一步梳理中国的"面子"文化内容以及在语言上的体现，帮助他们积累相关的表达素材。

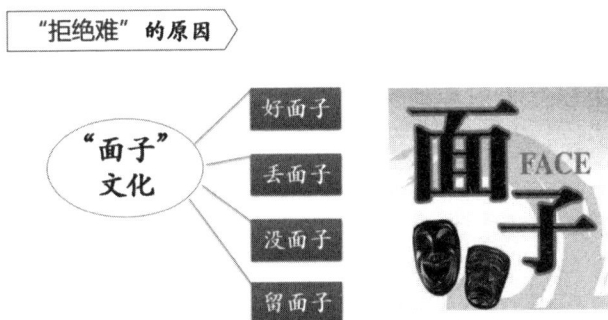

图6　文化解读

　　学习语言应该是有意义地学习，要摆脱教给学生课堂汉语的局限，最好的办法就是结合具体交际实例。在线教学中，教师可以很方便地通过网络搜寻相关视频资源，或者编辑成可用的视频教学资料直接用于教学中，参见图7。本案例中，我们从影视剧或者短视频中截取相关的情节作为视听说交际实例素材，引导学生共同讨论。实例讨论后还要进一步来分析交际中的语用策略，教师引导学生一共分析了五种关于"拒绝"的交际策略，每个交际策略对应一个表达例句，为学生做交际表达练习时提供参考。

看视频，回答问题

1. 视频中，女孩的同事们让她做什么？
2. 如果你是她，会像她这样做吗？

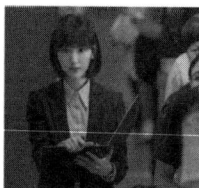

图7　实例讨论

拒绝的交际策略

1. 我明白了，可是对这件事我不太了解，我认为你如果找一个对这件事非常了解的人，效果会更好。　推荐别人

2. 我跟其他人再商量一下，你也再仔细考虑一下，过几天我们再做决定，好吗？　拖延时间

3. 实在对不起，这件事我真的帮不了你，不过，我可以帮你另外一件事。　补偿

4. 真不巧，昨天我弟弟刚从我这里借了一笔钱，我现在没钱再借了，下次……　突然事件

5. 今天先别说这件事，有另外一件事你肯定更感兴趣。　转移话题

图8　策略应用

接下来是交际任务环节。对于中高级汉语水平的留学生来说，因为大部分课文话题超出日常生活范围，涉及历史、社会、文化、伦理、哲学等意识形态方面的内容，如何将输入内容与输出观点结合起来，将目标语言学习与思辨活动结合起来，是本教学环节的关键之处。因此，我们设计由小组互动、设定语境、关键词句三个要素来搭建这个环节的横向脚手架。线上教学的短板之一就是互动，包括师生和生生之间的互动都不如线下课堂方便。目前常用的办法一个是利用各种线上工具辅助，如注释、白板、

调查、共享等，另一个就是利用线上分组会议室进行小组活动，如zoom、classin等都设有线上分组会议室，腾讯会议也新加了这个功能。目前师生互动随着线上工具的不断研发越来越顺畅，但是生生间的互动合作仍然是一个比较大的问题。合作学习可以激发学习热情，让学生在学习中更加主动，增加学生对学习的责任感、增强协同合作能力，提升学习效率，进而提高学习成绩。（黄荣怀等，2021）而在语言课中，课堂上学生之间的小组互动尤为重要，它是将所学知识运用到实际交际中的第一步，是学生们积累目的语交际经验最方便、最直接的方式，是激发学生交际需求和表达欲望的最佳途径。因此，教师不仅要设计合理而有趣的小组任务，而且要保证小组任务的顺利实施，包括：组织学生分成任务小组，分发、布置任务，检查各个小组的任务施行情况，促动小组成员间的积极互动，给予公平、合理、必要的评价，等等。

为了增加任务的趣味性和真实性，教师还需要充分利用线上有利条件，设计多种多样的灵活方式，提供丰富、必要的任务资源和互动手段。在本案例中，我们采用的是线上抽签的游戏方式，如图8所示，小组成员从屏幕上的四个字牌中选取一个，点击后，该字牌消失，出现后面的任务情境和关键词句，组员们根据所给提示，合作互动，共同完成小组任务。

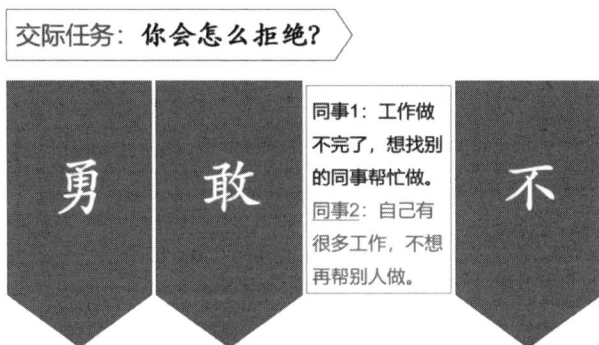

图9　线上抽签游戏

通过前几个环节的步步推进，学生逐渐走向最后的教学环节：巩固与提升。在这一环节中，学生将实现本课的最终目标——自由表达。文秋芳（2015）指出，"要保证学生输出有质量的言语作品，至少需要内容（ideas）、语言形式（language）和用语言表达内容的话语结构（discourse structure）三个部分"。本案例中，我们设计用个性观点、关键词句、思维导图三个要素为学生搭建最高环节上的横向脚手架。如图10所示。

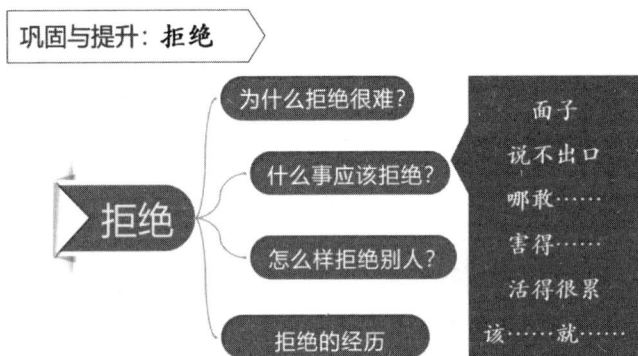

图10　巩固提升

图中，左侧的思维导图为学生自由表达提供结构和篇章上的辅助，右侧的表达词句为学生提供在该水平上应该使用的语言形式材料，而存在于每个学生头脑中的个性观点则是表达的内容。当然提供这样的脚手架是为了帮助普通水平的学生表达时输出有质量的言语作品。对于表达能力强、汉语水平高的学生，不应受这个横向脚手架制约，要鼓励他们运用富有个性特色的结构和方式来自由表达观点。

三、结语

通过案例分析可以看出，在整个教学流程中，教师发挥的"中介作用"，主要是为学生搭建教学"脚手架"，并引导学生利用"脚手架"一步步地进阶，最终实现教学目标。"脚手架"分为横向和纵向两种："纵向脚手架"涵盖知识、技能、策略、交际、能力五个方面，分为知识学习、技能训练、文化策略、交际任务、巩固提升五个环节，从整体上为教学过程提供构架；"横向脚手架"是将每个环节内部构成要素进行分解，针对每个环节的教学目标给学生提供横向支撑，即搭建教学环节内部的"横向脚手架"。

教师搭建"脚手架"是为了学生能逐步脱离辅助，达到真正意义的自由表达，成为独立的自主学习者，也就是说，既要搭建"脚手架"辅助学生更加有效、深入地学习，也要给学生独立自主学习的空间，帮助他们逐渐自主搭建自己的学习"脚手架"。联通主义代表人物西门斯认为，如果把知识比作在管道里流动的石油，那么，管道比管道里的内容更重要，因为，石油要经过大量分散的支流并且在迅速地改变着，而管道起着连接作用——连接着每一个细流。（施季利、李洪波，2014）我们的教学目标不仅仅是要帮助学生获取知识，更是要帮助他们获取连接这些知识的管道，这是我们教学的最终目标。

后疫情时代，线上线下相融合的全新教育秩序正在逐渐形成，教与学的方式、师生角色、课程实施、教育管理等诸多方面都将产生显著变化。（黄荣怀等，2021）汉语知识的传授正在慢慢地去中心化，汉语教师的角色从传统的知识传授者向教学空间的设计者与构建者发生转变。（徐娟，2019）随着线上教学的发展、成熟，教师的角色也会不断地转变、调整，身处这场教育大变革中心的国际汉语教师，只有更清晰地认知自己的角色和作用，才能更好地为国际汉语教学事业服务。

参考文献

[1] 曹巧珍（2017）"产出导向法"之教师中介作用探析——以《新一代大学英语》第二册第四单元为例，《中国外语教育》第1期。

[2] 何文潮（2020）美国罗德岛大学中文领航项目如何融科技于中文教学，《国际汉语教育（中英文）》第5卷，第4期。

[3] 黄荣怀、虎莹、刘梦彧、王欢欢、吐尔逊艾力·巴孜力江（2021）在线学习的七个事实——基于超大规模在线教育的启示，《现代远程教育研究》33（3）。

[4] 施季利、李洪波（2014）关联主义及其对学习影响的研究，《中小学电教》（07、08）。

[5] 文秋芳（2015）构建"产出导向法"理论体系，《外语教学与研究》第4期。

[6] 文秋芳（2018）"产出导向法"与对外汉语教学，《世界汉语教学》第3期。

[7] 徐娟（2019）从计算机辅助汉语学习到智慧汉语国际教育，《国际汉语教学研究》第4期。

[8] 郑艳群（2019）汉语教学70年——教育技术的影响及作用，《国际汉语教学研究》第4期。

[9] 中华人民共和国教育部国家语言文字工作委员会发布（2021）《国际中文教育中文水平等级标准》，北京：北京语言大学出版社。

[10] 胡波、黄丹纳（2014）《成功之路跨越篇·听和说》，北京：北京语言大学出版社。

[11] ［美］布卢姆（1986）《教育目标分类学》，罗黎辉译，上海：华东师范大学出版社。

从"因事而言"到"以事引言"

——以中高级汉语报刊阅读课程资源建设的实践为例

隋　岩[①]

提　要　在汉语国际教育领域，教学资源的建构和使用一直为人们所重视，但资源的更新却是摆在人们面前的一道难题。本文提出了"静态资源"和"动态资源"结合与转换的策略，并在教学活动过程中以此策略为依托，进行了一个学期的探索和实践，在一定程度上实现了教学资源的即时更新和与时俱进，效果良好。

关键词　教学资源；静态；动态；更新

一、引言

"前理论的语言教学和学习模式"是可能的吗？在《语言的原生：回到生活本身》中，我们不仅给出了肯定的回答，还提出了前理论化的"情景重建"之实现路径。"情境重建"需要虚拟/增强现实（VR/AR）和5G技术的支持，但目前可穿戴设备成本居高不下，短时间内普及到客户端的个

---

① 隋岩，男，博士，北京语言大学汉语国际教育学部汉语进修学院副教授。研究领域：汉语国际教育。

人尚不现实。本文要探讨的重点是，在"前理论"原则的观照之下，重新审视生活本身和语言本身，先行一步，在可穿戴硬件设备成本下降之前，探讨"情境重建"所需教学资源的建构，同时，也试图将新理念新方法引入到新时期（例如后疫情时代的线上线下融合）的汉语教学资源建构的领域。为此，本文将以中高级汉语报刊阅读课程资源建设的实践为例，以"前理论"为基点，探索课程资源的建构途径。

强调"前理论"并不是要排斥理论。事实上，"前理论"说的是一个起点，或者是一个方向。它向我们提出了语言教学要从什么地方开始，遵循什么样的原则；语言教学所倚重的教学资源，以什么样的状态登场；语言教学活动要不要脱弃生活本身，能不能被理论化对象化的观念所束缚；等等一系列需要深思熟虑的问题。早在20世纪80年代，陈嘉映先生写过一篇论文《从感觉开始》。其中有这样一段话："解剖刀可以把感官分离出来。同样，简单感觉是分析的结果。最初的感觉何尝简单？最初的感觉复杂而不易确定，它渗透着理解和成见，包裹着希望和追求。欲望是感觉吗？没有欲望会看得见嗅得到吗？能有所感的心灵不是白板，它没那么纯洁。"（陈嘉映：《白鸥三十载》，P59）心灵不是白板，不是用一支马克笔在其上写和画，感觉所带来的人与世界的交互一定不会是对象化的"输入"和"输出"这么简单，否则，"欲望①"的存在又有什么意义呢？生活是动态的、处境化的、实行着的，简言之，是欲望和感觉驱动的。这给我们带来了很有价值的启示：当前语言教学过程中所秉持的输入输出理念是否靠得住？跳出表面上看来非常合理的输入输出的樊篱，语言教学和教学资源是否也可以从感觉（也就是生活本身）开始？陈嘉映先生谈论的是哲学，如若哲学都可以从感觉开始，那么语言教学为什么不能从感觉开始呢？"前理论

---

① 这里的"欲望"相当于我们日常生活中的"想做什么"。

的"和"感觉的（欲望的）"实际上是一回事，都是发自生活本身。

感觉是牵连，不是镜像，不可被简单地视为输入输出。人在生活中生活，人与生活本为一体，因事而感，因事而言，就是从感觉开始，从欲望开始，就是因感而言。感觉或者欲望不需要外部因果关系作为触发条件，它是由牵连引起的。如果忽略了牵连，把语言本身概念化、抽象化和理论化，因而对象化，进而凝固化，失去了时间属性，也就是离开了生活本身。语言就会蜕变为"语言资料①"，一如经验论哲学家所做的那样，过分关注于"感觉资料"而不是感觉本身。这种现象在语言教学领域同样存在，基于"语言资料"的语言（本体）研究给语言教学活动带来了负面影响：人们都去关注"语言资料"而忽略了语言（动变的生活、感觉和欲望）本身。

"因事而言"当中的"事"说的就是生活本身（也可视为语言本身），而"言"则指"语言资料"。二者之间是牵连的关系，不是相互独立的。陈嘉映先生有言："在我们的自然态度和自然话语中，事和情直接连在一起，并非先有一事，然后我们寻找它的意义，赋予它意义。事情连着我们的处境、感受、欲望、目标向我们呈现。"（陈嘉映《说理》P258）"因事而言"的方式也正是如此，不是将生活跟语言割裂开来，也不是把语言从生活当中独立出来，形成"语言资料"；而是要努力将这种牵连保持住，在语言教学和学习过程中，贯通"语言本身"和"语言资料"之间的人为隔阂。从存在论的角度看，具体之物（语言或生活本身）不是普遍之物（语言资料）的对立面，而是普遍之物所从其出、向其归的"本原"。

有了"因事而言"这个出发点，接下来就是如何让牵连持存。这偏重

---

① "语言资料"我们之前称为"语形"，这样表述是为了跟"感觉"和"感觉资料"相对应。语言资料包括诸如文本、语料库等"语言资源"。

于方法论，也就是"以事引言"——语言的自我显现。实际上，"生活本身"是一个泛泛的说法，或者说是现象学的一个范畴，可操作性并不强。我们进行汉语教学，必然要依靠现实的可操作性才能达成教学目标。在此，我们将感觉与生活本身的牵连具体化为"以事引言"的方法，将二语学习者与目标语言相关的"事情"紧密结合起来，以"因事而言，无事不言"为最基本的原则，最大限度淡化语言学理论研究的对象化思维在教学活动中的遮蔽作用，让语言以原生的方式自我显现，这也就需要教学资源尽可能与生活本身保持同步更新。

无论我们怎么强调生活本身的流动性和非形式化非理论化倾向，当我们开始实际教学活动的时候，还是要跟具体的文本打交道，这是实现教学可操作性的第一步，也是关键的一步，首先在形式上做到"非理论化"的"先见"，以课程教学资源为依托，最大限度地让实际教学活动与"动变"的实际生活保持同步，使学习者与实际生活保持"牵连"，从而实现"因事而言，以事引言"。

基于以上的思考，本文试图从方法论的角度探索课程教学资源建设的相关问题，抛砖引玉。

二、预制完成的教学资源

教学资源的建设和使用越来越得到人们的重视，教学资源一旦被预制完成，即可成为我们全部教学活动有效的"依靠"。然而，也正是教学资源更新的困难让这种"依靠"也变成了"牢笼"——教学安排、教学进度甚至考试等等，都不得不围着既成的教材转，教师感觉束手束脚，学生也不能时时接触到动变的生活世界。遗憾的是，有关教学资源更新的研究和实践并不多见。有研究者提到了"资源观念的更新[①]",也只是适应新时代的资源范畴的拓展。目前的对于教学资源的更新手段不外乎创建大规模数据库、学资源库、享库等,关注的焦点集中在可重用和可共用上。长期以来,关于"更新"本身的观念和方法的研究,并没有根本上的突破。

为何要如此强调"更新"?在长期的一线教学实践过程中,我们深深感到,教学资源例如教材,一旦编写预制完成,虽然能给教学提供便利和支持,但在某种意义上说,它们也变成了"牢笼":预制完成的内容,更新不便,难以与时俱进,无形之中禁锢了我们的教学活动。一直以来,人们非常重视汉语教学资源的建设,也取得了非凡的成就。然而遗憾的是,很多人都把注意力和兴趣点集中在资源建构的观念和方法之上[②],很少考虑到资源更新的相关问题;也有相当一部分研究者提出了很多富有创意的设想,但大多都未付诸实施,缺少实践验证。

我们认为,之所以出现这种局面,是因为传统观念所导致的理论化概念倾向在其中起到了很强的负面作用,那就是人们总是想"一劳永逸"地解决所有问题,却忽略了生活本身的"动变",因而将生活与语言之间的"牵连"割裂了,离开了生活本身,困顿在教学资源的牢笼之中。被束缚、被限制。

这种现象在我们的教学活动中司空见惯,一套教材使用起来几年甚至十几年不变,内容变得陈旧,不合时宜,与飞速发展的现实世界严重脱节,作为一名一线教师,我们对此深有感触。教材的内容不变,教学活动本身也颇受限制,教师虽然可以根据时代发展生活变化适时补充一些新材

---

① 参见郑艳群(2018)汉语教学资源研究的新进展与新认识,《语言文字应用》第 3 期。

② 参见曾君、陆方喆(2021)国际汉语数字化教学资源的概念、分类与体系,《云南师范大学学报》(对外汉语教学与研究版)第 5 期。

料新内容，但却无法从根本上解决问题，往往是绕了一个大圈，最后还不得不回到滞后于时代发展的教材上去。对学习者的影响更是显而易见，前述的那种"割裂"，让他们感受不到最鲜活的生活世界所带来的语言情境，课堂仿佛是另外一个世界，就像一个个孤立的封闭的"牢笼"。

传统的教学资源更新方式最大的弊端就是更新周期过长，这直接导致了教学资源内容本身必然滞后于社会生活的发展，进而很难保持教学资源与生活本身的牵连；若强制缩短更新周期，则教学资源的稳定性与平衡性又会被打破，不利于学习者的使用。为了解决这一矛盾问题，在教学实践中，我们探索将"静态"的教学资源和"动态"的教学资源组合起来，采取滚动更新的方法，既兼顾了教学资源的相对稳定性，又能使之即时更新与时俱进。

三、"静态"和"动态"的结合与转换

"中国报刊阅读（上）"是北京语言大学汉语进修学院的选修课之一，其教学对象为中高级进修生。这个阶段的留学生，已经掌握4500左右的汉语词汇，对当代中国社会、经济、文化等各个方面都有着较为浓厚的兴趣；设置报刊阅读课程的目的，就是在提高中高级进修生汉语水平的同时，更好地满足他们的实际需求。

教学实践告诉我们，报刊课教材的时效性是引发和保持留学生学习兴趣的关键因素之一。然而，由于更新周期过长，教材的时效性往往难以到保证，教学效果也因而大打折扣。

为了解决这个问题，在教学探索过程中，我们采用了"静态"和"动态"结合与转换的方法，一定程度上达成了报刊阅读课教材的时效性机

制，使得教学资源的建构能够与社会时代的发展同步共进。

简言之，"静态"（已经预制完成的整本教材）与"动态"（跟随教学进度即时精选的阅读材料）结合与转换的方法，就是在教学过程中，将"静态内容"与"动态内容"搭配运用，并跟随学期变化滚动变换二者的定位，从而实现内容更新和与时俱进。

具体做法如下：本课程每周两次课共4学时，第一次课的2学时学习"静态"的部分。目前是第一个"滚动周期"，使用的是自编教材《新编高级报刊阅读》。每课分为四个部分：头版、社会、天下、评论。两周完成一课，要求学生课前不预习，课上限时阅读并完成相关阅读任务。

第二次课的2学时学习"动态"的部分。提前一周将阅读文本（3000–3500字）在微信学习群中分发给学生。为了精选"阅读文本"，我们构建了一个基于网络的"阅读材料源"，其中包括100多种报纸和100多种杂志、网页算法推荐文本链接、精选微信订阅号等等。这个材料源的内容包罗万象，其最关键也是我们最为看重的是它的内容都是即时更新的，如此一来，就为我们的课程资源内容跟社会生活基本保持同步提供了有力的支撑。

学生拿到阅读文本之后，有一个星期的时间阅读；教师也有一个星期的时间处理（按照教材编写的标准流程处理阅读文本，制作多媒体PPT课件，选择、整理参考视频）。需要强调的是，"阅读文本"不是在学期初事先选定的，而是教师每周从"阅读材料源"中即时精选的。这样做的目的就是为了跟社会生活本身保持同步，让学习者接触到最鲜活的阅读内容。每周两次课的如此安排，就是"静态"与"动态"的结合。

以每周的第二次课为依托，一个学期下来，所获如下：

①精选的"阅读文本"16篇（每周1篇，一学期共16周）；

②基于每篇"阅读文本"制作的多媒体PPT课件16个；

③基于"多媒体PPT课件"的在线授课高清视频（包含板书）；

④若干编辑好了的与"阅读文本"内容相关的短视频（剪辑、字幕）。

将上面这些资源汇集整合，即可产出一部全新的完整的适合线上线下相结合的高级报刊阅读教材，并且可以直接作为新学期每周第一次课的学习内容（静态）使用；而新学期每周第二次课的内容（动态），则由教师继续从"阅读材料源"中即时精选"阅读文本"，然后分发、处理。这就是"静态"与"动态"的转换。

四、结语

"从感觉开始"，也就是要与生活本身保持"牵连"。我们的教学是语言教学而不是知识教学，需要去除理论化概念化思维所带来的负面影响，让我们的教学活动尽可能地与现实生活同步，从而真正做到"因事而言，以事引言"。

我们的愿景是，在实际教学活动中，每个学期都保持"静态"和"动态"的结合与转换，如此循环下去，长期坚持，必将能够使得我们的教学资源（包括但不限于报刊阅读）最大限度地体现时效性，克服资源更新之难题，也为后疫情时期的线上线下相结合的汉语教学资源建构探索一条新路。

参考文献

［1］陈嘉映（2011）《白鸥三十载》，上海：复旦大学出版社。

［2］陈嘉映（2011）《说理》，北京：华夏出版社。

［3］隋岩（2021）语言的原生：回到生活本身，《汉语进修教育研究.第四辑》北京：中国书籍出版社。

［4］曾君、陆方喆（2021）国际汉语数字化教学资源的概念、分类与体系，《云南师范大学学报》（对外汉语教学与研究版）第5期。

［5］郑艳群（2018）汉语教学资源研究的新进展与新认识，《语言文字应用》第3期。

对外汉语综合课教学模式研究现状及问题

程思妍①

提　要　本文分别从宏观和微观的角度对对外汉语综合课教学模式研究情况做大致的梳理，随着互联网技术和教育信息技术的飞速发展，越来越多新兴的教学模式被应用到对外汉语教学中，未来关于对外汉语综合课教学模式的研究会越来越丰富。

关键词　对外汉语；综合课；教学模式

对外汉语综合课在整个对外汉语教学的课程体系中起着关键性作用，因此综合课教学模式一直以来是许多专家学者关注和讨论的重点。20世纪70年代至90年代，国内对外汉语教学模式主要经历了三次大的变革："讲练—复练"模式、"讲练—复练+小四门"模式、"分技能教学"模式。随着国外语言学、心理学、教育学等多个领域的研究成果不断涌入国内，互联网技术和教育信息技术的不断发展，对外汉语综合课教学模式也开始逐渐趋于"多样化"。目前，关于对外汉语综合课教学模式的讨论，除了对教学环节和步骤的相关研究，还有学者将个别教学模式应用到对外汉语综合课教学中，包括互联网时代下出现的一些新兴教学模式。本文将对这些

---

① 程思妍，北京语言大学汉语国际教育学部汉语进修学院汉语国际教育专业硕士研究生在读。研究方向：语法和语法教学研究。

教学模式进行综述。

一、对外汉语综合课教学模式的构建

自对外汉语教学学科确立以来，基础汉语教学模式经历三次主要变革后走向了以培养交际技能为语言教学根本目的的"分技能教学"模式。然而"分技能教学"模式依然存在一些不足，崔永华（1999）指出"分技能教学"模式存在的三点不足：不利于对语言项目的掌握，按技能分课型未必是学习语言技能的最佳途径，对近年来语言学、教育学、心理学、对外汉语教育学研究反应甚微。李更新（1984）提出了以综合课为核心课与分技能相互配合的教学模式。吴勇毅、徐子亮（1987）提出按照不同专业、不同语言专业分设课型，变一门综合训练多种技能为几门课训练单项技能。吕必松（1987：86）则提出不同课型中对应的课组成平行课，相应的课中存在重叠教学内容，各课型之间在教学内容和教学要求上建立联系。王青（2006）选取十个综合课教学案例，详细描述了综合课总体教学模式以及词汇、语法、课文三个教学模式，并得出如下结论：综合课的总体教学模式与凯洛夫的"五环节教学模式"有很强的一致性；词汇教学模式和语法教学模式基本与听说法教学过程一致；课文教学模式明显带有语法翻译法痕迹。综合课整体教学模式及三个环节的教学模式存在合理性，合乎教育学、心理学和语言教学规律，为对外汉语初级阶段综合课的课堂教学模式研究提供了启发和思考。姜丽萍（2008）根据学习者课堂的学习过程和综合课教学内容，经过多年教学实践形成了一个比较稳定的教学模式，见图1。

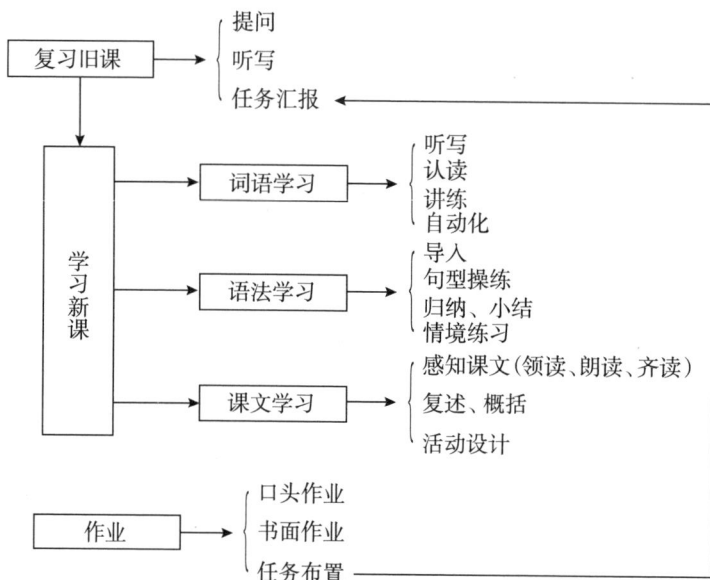

图1　对外汉语综合课初级阶段教学模式

　　杨惠元（2010）概括了北京语言大学的教学模式，即根据学习语言要完成两次转化的理论设计的"综合课打头，按技能设课"的教学模式。师会敏（2012）指出初级阶段的对外汉语综合课教学要运用多种教学法，语言教学与文化教学相结合，采用多元化的评价模式。从教学方法、教学内容、教学评价三个方面研究初级阶段对外汉语综合课教学模式。赵冬梅（2012）则把目光投向高级阶段综合课教学模式的探索，结合高级阶段汉语综合课教学特点，探讨课堂教学中如何充分利用多媒体教师硬件和软件技术辅助教学。吴倩（2014）通过分析北京语言大学五位优秀教师的教学录像，总结出初级汉语综合课课堂教学的八个教学环节：组织教学、复习、导入新课、词汇、语法、课文、总结、布置作业。国际汉语课堂教学研究课题组（2016）最终将对外汉语综合课教学确定为八大环节：组织教学、复习检查、生词教学、语法教学、课文教学、综合练习、课堂小结、布置作业。姜丽萍、吴倩（2018）将综合练习合并到课文教学中，形成了七大教学环节：组织教学、复习检查、生词教学、语法（语言点）教学、课文教学、课堂小结、布置作业。

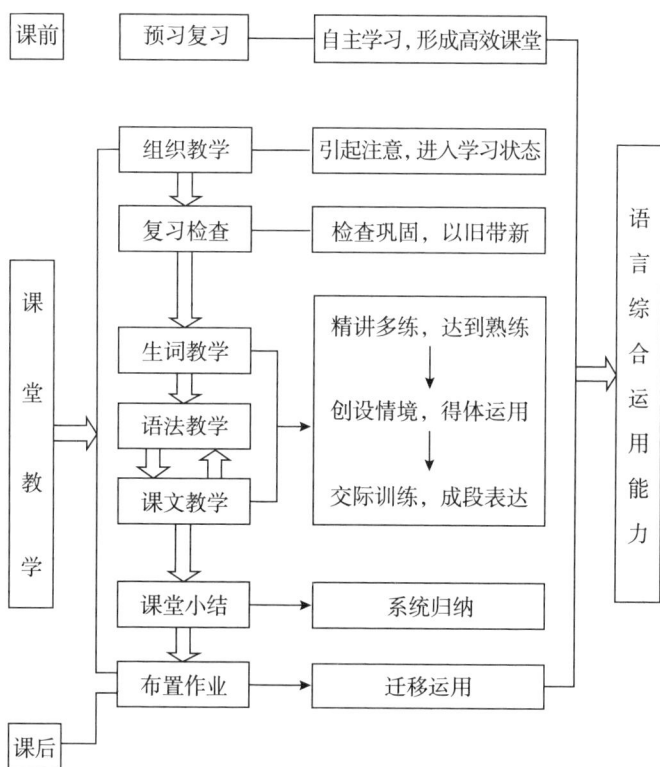

图2　初级汉语综合课课堂教学模式流程图

此外，孙世姣（2017）以案例教学形式呈现综合课教学模式，探讨了初级汉语综合课教学模式中的教学原则、课程性质、教学目标，对初级阶段综合课教学模式做了粗浅探讨，存在教学模式不够新颖突出、某些地方僵化等不足之处。

关于综合课词汇教学模式和语法教学模式的研究比较丰富，但针对综合课课文教学模式的研究相对较少。徐德梅（2015）以成都大学国际教育学院汉语留学生为研究对象，通过对初级阶段的综合课教学进行课堂观摩和调查，分析了语音阶段、语法阶段、短文阶段的课文教学情况，探究理论基础并验证其合理性和不足之处，为课文教学模式的研究和构建提供了有力借鉴。黄炜（2020）则进一步针对初级阶段对外汉语综合课课文教学模式展开研究，从课文环节切入，搜集优秀教师教学案例进行研究分析，总结了目前存在的初级阶段综合课课文教学模式，但因结果案例数量有限，结论具有相对局限性，存在设计的教学模式不够完善等不足。

二、新兴教学模式在综合课中的运用

2.1 互动教学模式

互动教学模式是一种能够充分激发学生的求知欲、培养学生广泛兴趣、发展学生的自学能力、让学生动手动脑的教学模式。其特点是教师与学生、学生与学生、学生与教师相互作用，互牵互动，共同来完成某一特定的教学内容。而互动教学的本质在于"活动"，其目的在于让学生变被动学习为主动学习，迫使学生动脑、动口、动手，从而激活课堂学习气氛，提高学生的学习兴趣。典型的操作模式包括在词汇教学中提供一定的语境并运用所学词语做交际性练习，反复训练、加深印象为目的的语言操练，以表演和故事"重组"为手段的实践锻炼。

陈岩、赵宏（2005）认为"以学生为中心"的互动教学模式可以很好地完成对外汉语综合课的教学任务，它体现了双向教学原则，与"沟通式"的现代语言模式相吻合。他们还指出了互动教学模式的指导原则，其类型设计主要包括以提问为中心的操练活动；以词语使用为方式的词汇学习过程；以原文内容为主线的故事"重组"练习。最后阐述了互动教学模式中教师应遵循的原则，教师要有足够的激情，培养学生自主学习的意识，欣赏赞美学生，有驾驭课堂的能力等。这种互动教学模式有利于学生提高运用汉语进行交际的能力，但需要教师具备较高的综合素质才能成功地开展课堂教学活动。沈庆会（2008）指出了互动教学模式在综合课中运用的必要性，并补充了一条教师应遵循的原则，即教师要具备深厚的中国文化知识修养，对互动教学模式中教师应当遵循的原则做进一步补充和完善。王慧艳（2020）则利用多元互动模式针对中级汉语综合课做教学设计，主要做了该教学模式应用于中级综合课的可行性分析、中级综合课教学情况的分析、教学设计要素的分析，阐述了教学设计实施的过程，最后对教学效果进行评估和反思。此前将多元互动教学模式应用到对外汉语教学的研究不多，主要是关于对外汉语口语课的教学，王慧艳（2020）的教学设计为多元互动模式在综合课教学中的应用提供了新的思路。

2.2 "翻转课堂"教学模式

"翻转课堂"是一种由教师创建视频，学生在家中或课外观看视频中教师的讲解，回到课堂上师生面对面交流和完成作业的教学形态。这种教学模式依靠现代技术，翻转了课堂教学和家庭作业的内容、方式。将教师讲授的内容制成视频，作为家庭作业让学生自行观看学习，使课堂成为学生应用、解决问题的场所，从而实现个性化教学。典型的操作模式是课前准备阶段，教师课前将一部分教学内容制作成视频供学生自学和预习，同时提供适当的练习；课堂上通过互动和练习的方式巩固内化课前所学知识，教师引导学生提出问题，进行小组合作和展示。

随着教育信息化的发展，"翻转课堂"教学模式为对外汉语综合课教学提供了一种全新的教学模式。白迪迪（2014）通过开展"翻转课堂"教学模式在对外汉语教学中的教学实验，分析了二者相结合的可行性和局限性，并得出该模式在教学中的应用需要具体到课型、层级，内容需要进一步深入研究，指出了限制性因素，包括学生的自主学习能力和教师的角色转换等，为"翻转课堂"教学模式在综合课中的应用提供了初步参考。孙瑞、孟瑞森、文萱（2015）则进一步通过综合课实验得出"翻转课堂"教学模式适用于对外汉语教学，并提出了具体操作时的相关注意事项。朱晗（2016）又对"翻转课堂"教学模式在中高级对外汉语综合课的应用进行了可行性分析，提出了一些"翻转课堂"的教学技巧，包括微视频制作、作业设计、生生督促学习、课堂答疑解惑、小组合作等。此外还进行该教学模式的中高级综合课教学设计，并分析了"翻转课堂"教学模式应用于对外汉语综合课的优缺点。张瀛、胡珍莹（2018）以中级阶段对外汉语教学为例，采用课堂观察、问卷调查和访谈三种研究方法，从教学准备、教学流程、学习成绩的考核与评价几个方面阐述了"翻转课堂"应用于对外汉语综合课的教学设计和实施，总结并反思了本次教学实践。

2.3 主题式教学模式

主题式教学模式是一种以内容为载体，以文本的内涵为主题，主张语言教学情境化、生活化，把语言放到有意义的主题中去学习，把语言教学和"内容"教学结合起来。袁顶国（2008）指出主题式教学的特征包括整体性、互惠性、灵动性、超越性、开放性。主题式教学的教学活动中师生构成一个有机整体，通过对话共同探究问题，灵活选取内容，教学内容不拘泥于教材，不局限于课堂上的教学时间，要求学生在课外独立协作学习。典型的操作模式是确定主题内容、制定教学目标及内容、设计教学活动、展示学习成果、评价与总结。

白建华（2010）探讨了主题式教学的理论基础和发展，并对目前美国主题式话语教学的一些具体实例进行了分析。白建华（2013）后来又根据美国星谈计划的样板完成的一个教学单元对主题式外语教学设计进行了展示和说明。王建（2011）探索了主题式教学理论指导下的少儿汉语教学模式，并以此研究实践为契机，检验了主题式教学理论的科学性和可行性。王维超（2014）结合他在泰国十个月的汉语教学实践，以泰国班韩一中的初级汉语综合课教学为例，探讨了主题式教学模式在泰国汉语教学实践中具体的应用方法，并对该教学模式应用的效果进行了分析和概括。该文指出主题式教学模式符合泰国教育理念和泰国学生的学习特点，同时易于教师灵活掌控实施，建议广大教师和学者对这一教学模式进行更多的研究和相关教学实践。穆妍（2020）进行了主题式教学模式在初级汉语综合课中的教学实践，指出主题式教学思路在初级汉语综合课教材中的体现，并展示了相关的教学设计案例，最后总结了主题式教学模式在时间安排、课堂秩序、汉字书写等方面存在的不足，以及主题式教学模式对教材编写、教师和学生的一些启示。

2.4　任务型教学模式

任务型教学模式是一种以任务为基础、把语言学习和语言运用有机结合的教学模式，即"在做中学、在用中学"。其特点是通过完成任务来学习语言；强调学习活动和材料的真实性；学习活动以表达意义为主；以学生为中心，鼓励学生创造性地使用语言。典型的操作模式主要包括任务前、任务中、任务后三个阶段，在不同阶段分别进行课前预习、小组合作展示汇报、总结评价等环节，完成语言学习和技能训练的教学目标。

近年来由于任务型教学模式在中小学英语课堂广泛开展，对外汉语教学界的学者和广大教师也逐渐展开了对任务型教学模式的研究和实践。徐敏（2010）将任务型教学模式应用于国别化的对外汉语综合课研究。柳雯岚（2011）则提出将任务型教学融入传统3P教学模式中，利用任务型教学的诸多优势改良3P教学模式的弊端，在理论支撑下做了进一步的实证研究相关教学设计。姜丽萍（2013）以初级汉语综合课为依托，以建构主义、任务型语言教学理论为指导，从教学过程、教学目标、师生关系、教学场景等方面为海内外汉语教师构建了一套"任务—活动"型汉语课堂教学的操作流程，为"任务—活动"型教学模式在初级对外汉语综合课教学中的应用提供了有效的借鉴和参考。孙亚俊、张玉萍（2013）以高校预科汉语综合课教学为例，挑战沿用已久的"教授词语—讲解课文和语法点—辅导练习"的传统教学模式，试图构建一套以任务型教学为理论依据的对外汉语综合课教学模式，并提出任务型对外汉语综合课教学模式的评价观点。张云霓（2014）以任务型教学模式下的综合课为研究对象，通过多方调查、教学设计和教学实验等做法，指出这种"以学生为中心"的教学模式将会改变传统单一的教学模式，有利于学生提升实际运用语言知识的能力。邵菁（2019）介绍了中级汉语综合课在传统3P教学模式中引入"任务型教学法"的一项实践，并通过问卷调查了解学生对两种教学方法的反馈，喜欢传统教学法的学生多于喜欢任务型教学的学生，可见，任务型教学模式在一些方面还须进一步探索和改进。

2.5　混合式教学模式

混合教学模式是一种把传统教学与多媒体教学相结合的教学模式，是把传统教学的优势与数字化、网络化教学的优势相结合，从而达到教学效果最优化的教学模式。它包括四种基本模式：循环模式、弹性模式、自混合模式和增强虚拟模式。混合教学模式既能解决教师和教学资源不足、学习费用高的问题，又能满足学生要求与教师面对面交流及个性化学习的需要。典型的操作模式是利用多媒体网络和课件将线上线下相结合，制订学习计划，进行课件学习指导，课堂上就所学内容进行操练，开展分组合作学习，进行教学评估与反馈。

随着汉语热在世界范围内的升温，汉语教师和汉语学习资源相对缺乏，教学手段和方法也相对落后，对外汉语教学领域急需一种高效的、优化的教学模式。吕宇红、许建红、姚远（2008）率先开始了混合教学模式在对外汉语教学中的应用和探索，初步介绍了"长城汉语"混合教学模式的理论依据，以及"长城汉语"混合教学模式在对外汉语教学中的应用，是一次积极的尝试，为后来的专家学者将混合式教学模式应用于对外汉语综合课教学模式提供参考。郭晶（2009）围绕混合式教学模式、自主学习能力和汉语听力理解能力之间的关系进行了实验，实验结果表明混合式教学模式对汉语听力教学有一定的积极作用，同时也指出初级阶段应当以课堂教学为中心，然后逐渐增加远程部分的比例。这主要是从听力教学方面探究了混合式教学模式在实际教学中的应用。袁萍（2010）将目光转向混合式教学模式的对外汉语综合课教学设计，重点讨论了混合学习模式中的循环模式，在分析各子模式特征的基础上，结合汉语综合课教学，给出相应案例设计，并对综合课混合教学案例的设计原则做了分析。由此，混合式教学模式在综合课教学中的研究有了初步的尝试。张洁（2019）结合美国克莱顿·克里斯坦森教育机构关于混合学习中的循环模式的研究进行举例说明，讨论了汉语综合课混合学习模式的在线课程模式及应用时的实施策略。从袁萍和张洁两人的研究可以看出混合式教学模式在综合课中的研究探索更多关注循环模式，混合教学模式其他子模式的教学实践还有很大的研究空间。SPOC是在MOOC基础上发展起来的新兴教学模式，也是一种"线上+线下"的混合教学模式，王思梦（2020）尝试将SPOC五步教学理论应用在中高级对外汉语综合课中，取得了一定的效果，但因该教学模式仍处于试用阶段，还需要进一步的实践与研究。

2.6　其他教学模式

在中国知网搜索综合课教学模式的相关文献时，笔者还搜集到了近年来一些学者在综合课教学中尝试某些新兴的教学模式，如情境教学模式、视觉表征模式、ASSURE模式等，在此做一些简单介绍。

情境教学模式，是在教学过程中教师有目的地引入或创设与教学内容相关的情境，使学生产生直接的体验，从而激发学生的学习兴趣，帮助学生理解教学内容，提高教学效率的一种教学模式。其特点是实现模拟情境与现实情境的有效联结，尽可能创设逼真的现实情境。主要类型有生活展现情境、实物演示情境、图画再现情境、音乐渲染情境、表演体会情境等。邱士媛、谭玲（2010）探讨了情境教学模式对对外汉语综合课的必要性、可行性以及情境教学模式的基本类型，将语言知识学习与应用结合教学的观点为综合课课文教学模式提供了借鉴与参考。现代化教育教学手段越来越丰富、直观、高效，可视化视觉表征模式应用于对外汉语教学是现代教育教学手段革新的重要实践。

视觉表征模式，是一种利用视觉表征的方式，如图形、图表等，将知识表示出来，形成能够刺激人感官的知识外在表征状态，以帮助学生正确理解、记忆和应用知识的教学模式。视觉表征形式主要包括思维导图、概念图、语义网络、思维地图等。典型的操作模式为课前分析学习者特征、确立明确的教学目标，利用可视化表征工具提前完成备课任务，选择恰当的视觉表征形式运用于课前准备、课堂穿插、课后评测等教学环节。教学中以"学"为中心，课前结合知识化表征预演工具预习，课上带领学习者利用表征工具完成课堂知识的梳理，课后完成作业。李秋瞳（2019）研究视觉表征模式应用在对外汉语综合课教学的新方法，以此积极尝试和实践，且具备一定的可行性和有效性，得出了一些结论，例如：可视化表征手段在综合课教学中可以提高学习者成绩，改善整体教学效果，促进思维发散能力的增强，等等。

ASSURE模式是一个整合教学媒体的课堂教学设计模式，以课堂教学中媒体的使用设计为重点，以整合多种教学要素为抓手，是一个很有参考价值和推广意义的教学设计模式。该模式中的六个字母分别代表教学活动中的六个步骤，A代表分析学习者；S代表叙写目标；S代表选择方法、媒体与教材；U代表使用媒体与教材；R代表激发学习者参与；E代表评价与修正。冉晴（2020）以ASSURE教学模式为理论框架进行对外汉语综合课教学，探索出更适合对外汉语教学的教学媒体与技术，达到了预期的教学目标。

以上学者对新型教学模式在综合课中的应用，丰富了综合课教学模式的实践与研究，为日后对外汉语综合课教学开辟了新的教学途径。

三、关于对外汉语综合课教学模式构建的思考

通过上述对综合课教学模式研究的分析，笔者认为目前对外汉语综合课教学模式，正由"单一化"走向"多样化"，由"整体"向"局部"推进。虽然有很多专家和学者做出了不少积极的尝试，但是目前对外汉语综合课教学模式的构建和应用依然不可避免地存在一些问题。

首先，理论上缺乏创新，目前关于对外汉语综合课教学模式的探索研究没有充分结合国内外最新的教育学研究成果，研究探索综合课教学模式的视野有一定的局限性。崔永华（1999）指出现行模式的一个重大的弱点是，它对近些年来语言学、教育学、心理学，包括对外汉语教学研究的新成果，反应甚微。姜丽萍、吴倩（2018）也指出在实际教学中，教师还需要注意吸取教育学、心理学和语言学相关的成果，加强教学实践与理论的联系，以适应不断变化的实际教学情况。此外，笔者认为不能仅仅将教育理论单向地应用于教学实践中，还要根据教学实践中的经验和收获去印证和丰富教学理论，使理论更符合教学实际。在构建教学模式的过程中也要有意识地总结和反思教学理论，辩证地看待理论的应用。教师甚至可以探索出一套新的理论。理论与实践互相作用，既有助于教学模式的构建和探索，又能丰富对外汉语教学理论的创新和研究。

其次，模式构建中教育信息技术的应用还是不够充分，许多关于网络信息技术和多媒体技术的新兴教学模式有待进一步探索。近年来，微信等社交工具发展迅速，教育社群打卡等学习方式值得借鉴与思考，此外，MOOC等慕课平台以及腾讯会议、钉钉、飞书、ZOOM等可以实现远程教学的应用软件，课件等多媒体技术在教学中得到广泛应用，杨惠元（2010）指出多媒体技术要跟常规教学手段有机结合，才能更好地发挥

作用，对提高教学质量起到促进作用。因此，网络信息技术、新媒体技术与教学结合的新兴教学模式的操作还需要在实践中进一步探索。笔者认为汉语教师可以主动关注其他领域涌现出的一些新的技术手段，并思考能否用于对外汉语教学中，或许对教学模式的构建有一定的启发。对外汉语教学是第二语言教学下的分支学科，不同的第二语言教学虽然内容不同，但本质相通。因此还要多关注其他的外语教学模式、国外第二语言教学的成果，从中吸取对汉语教学有帮助的部分。

最后，综合课教学模式的构建和尝试虽然有一定成效，但难以推广。许多在综合课中尝试新的教学模式的教师在教学总结中都反思了教学过程中存在的不足之处，如王思梦（2020）指出基于SPOC的五步教学法还处于试用阶段，特别是在对外汉语教学领域，由于教学对象特殊，在实践过程中确实有许多不足：教学视频的质量、线上课堂的监督、平台区域的讨论、作业难度的处理等。针对一些新的教学模式难以推广的问题，笔者认为首先应当完善教学模式本身，既考虑普遍性，又考虑特殊性。将教学模式中适用较广的部分固定下来作为基本框架加以推广。同时，在基本框架内灵活操作，根据教学内容、教学对象的汉语水平、年龄、班级人数等个性化的差异加以调整。然后结合实际情况进行应用。课后反思总结，不断改进完善，以促进综合课教学模式的构建。

四、余论

每种教学模式都会存在一些不足之处，需要教师结合教学实际灵活运用，在教学实践中不断反思、总结归纳，推动对外汉语综合课教学模式构建的进一步发展。在对外汉语综合课教学模式构建的过程中，还有许多研究者亟待解决的重大难题，例如不同阶段的对外汉语综合课教学模式在实际教学中是否应当根据不同阶段分别处理，如何处理。赵冬梅（2012）指出对外汉语教学进入高级阶段，学生在熟练运用单句的基础上，要进一步对汉语语段语篇的特点、句子间的连接方式有所了解。赵冬梅利用教室的电脑和网络设备进行表达练习以提高学生的汉语书写能力。姜丽萍、吴倩（2018）指出初级阶段的综合课教学按照教材形式分为对话（句型教学）和短文两个阶段。所以，笔者认为由于不同阶段的教学目标不同，所采用的教学模式和方法也存在差异。

由于笔者缺乏一定的教学经验，上述关于综合课教学模式的问题仅从纯粹研究的角度简单分析讨论，许多尚未解决的问题还需要更多的专家学者、一线教师参与研究，未来对外汉语综合课教学模式的研究与构建还有很长的一段路要走。

参考文献

［1］白建华（2010）主题式教学在21世纪的发展及应用，许嘉璐主编《第十届国际汉语教学研讨会论文选》，沈阳：万卷出版公司。

［2］白迪迪（2014）"翻转课堂"教学模式在对外汉语教学中的应用研究，《现代语文》第3期。

［3］白建华（2013）主题式教学在对外汉语课程设置中的应用，《对外汉语教学与研究》第1期。

［4］陈岩、赵宏（2005）对外汉语教学综合课的互动教学模式，《黑龙江高教研究》第8期。

［5］崔永华（1999）基础汉语教学模式的改革，《世界汉语教学》第1期。

［6］郭　晶（2009）混合式教学在对外汉语教学领域中的应用实践与反思，2009
　　年数字化汉语教学专题研讨会论文，法国拉罗谢尔大学。

［7］国际汉语课堂教学研究课题组（2016）《国际汉语课堂教学参考案例初级综合
　　课》，北京：北京语言大学出版社。

［8］黄　炜（2020）《对外汉语初级阶段综合科课文教学模式研究》，上海外国语
　　大学硕士学位论文。

［9］姜丽萍（2008）《体验汉语基础教程教学参考书》前言，北京：高等教育出
　　版社。

［10］姜丽萍（2013）"任务—活动"型汉语课堂教学模式的构建，《语言教学与研
　　究》第6期。

［11］姜丽萍、吴　倩（2018）初级汉语综合课教学模式，《国际汉语教学研究》
　　第3期。

［12］李更新（1984）文科进修班汉语教学的课程设置，《语言教学与研究》第4期。

［13］李秋瞳（2019）《视觉表征模式下的对外汉语初级综合课教学设计》，哈尔滨
　　师范大学硕士学位论文。

［14］柳雯岚（2011）《任务型教学在初级汉语综合课程中的应用研究——利用
　　TBLT模式改良3P模式的探索》，上海外国语大学硕士学位论文。

［15］吕必松（1987）《对外汉语教学探索》，北京：华语教学出版社。

［16］吕宇红、许建红、姚　远（2008）"长城汉语"混合教学模式及应用，第六
　　届中文电化教学国际研讨会论文，韩国又松大学。

［17］穆　妍（2020）《主题式教学在初级汉语综合课中的应用研究》，西北师范大
　　学硕士学位论文。

［18］邱士媛、谭　玲（2010）对外汉语综合课情境教学模式探讨，《现代语文》
　　第12期。

［19］冉　晴（2020）《基于ASSURE模式的泰国初级汉语综合课〈喝牛奶，不喝
　　咖啡〉教学设计》，安阳师范学院硕士学位论文。

［20］邵　菁（2019）3P教学模式与任务型教学法结合的实践与检讨，《对外汉语
　　研究》第1期。

［21］沈庆会（2008）对外汉语综合课互动教学模式探析，《科技信息》第31期。

［22］师会敏（2012）初级阶段对外汉语综合课教学模式研究，《重庆科技学院学报》第4期。

［23］孙　瑞、孟瑞森、文　萱（2015）"翻转课堂"教学模式在对外汉语教学中的应用，《语言教学与研究》第3期。

［24］孙世姣（2017）《对外汉语初级阶段综合课教学模式研究》，辽宁师范大学硕士学位论文。

［25］孙亚俊、张玉萍（2013）试论预科汉语综合课的任务型教学模式，《语文建设》第6期。

［26］王慧艳（2020）《基于多元互动模式的对外汉语中级综合课教学设计》，沈阳大学硕士学位论文。

［27］王　建（2011）《基于主题式教学的韩国少儿汉语教学设计》，山东大学硕士学位论文。

［28］王　青（2006）《对外汉语初级阶段综合课的课堂教学模式研究》，北京语言大学硕士学位论文。

［29］王思梦（2020）《基于SPOC五步教学理论的中高级对外汉语综合课教学实际——以〈博雅汉语·中级冲刺篇〉第三课〈闲说北京人〉为例》，安阳师范学院硕士学位论文。

［30］王维超（2014）《主题式教学模式在泰国中心初级汉语综合课中的应用研究——以班韩一中为例》，安阳师范学院硕士学位论文。

［31］吴　倩（2014）《优秀教师综合课教学模式研究——以北语五位教师教学录像为考察对象》，北京语言大学硕士学位论文。

［33］吴勇毅、徐子亮（1987）建国以来我国对外汉语教学法研究述评，中国高等教育学会对外汉语教学研究会主编《对外汉语教学研究会第二次学术研讨会论文选》，北京：北京语言学院出版社。

［34］徐德梅（2015）《初级汉语综合课课文教学研究——以成都大学国际教育学院留学生为例》，四川师范大学硕士学位论文。

［35］徐　敏（2010）《泰国汉语课堂任务型教学模式设计》，山东大学硕士学位

论文。

［36］杨惠元（2010）综合课教学要处理好的十个重要关系，《语言教学与研究》第6期。

［37］袁顶国（2008）《从两级取向到有机整合：主题式教学研究》，西南大学博士学位论文。

［38］袁　萍（2010）混合学习模式下汉语综合课教学案例设计，第十二届国际汉语教学研讨会论文，华东师范大学。

［39］张　洁（2019）高校对外汉语综合课混合教学模式研究，《吉林省教育学院学报》第8期。

［40］张　瀛、胡珍莹（2018）对外汉语综合课翻转课堂教学模式的实践探索——以中级阶段汉语教学为例，《汉语国际教育研究》第3期。

［41］张云霓（2014）《基于任务型教学模式的汉语综合课设计——以秘鲁天主教大学孔子学院汉语课堂为例》，上海外国语大学硕士学位论文。

［42］赵冬梅（2012）高级阶段综合课教学模式的新探索，第八届中文电化教学国际研讨会论文，华东师范大学。

［43］朱　晗（2016）《翻转课堂模式在中高级对外汉语综合课中的应用研究》，辽宁大学硕士学位论文。

汉语国际教育
文学文化研究

汉语国际教育中跨文化交际能力
培养目标的教学设计

——以《成功之路 提高篇》为例

李东芳①

提　要　汉语作为第二语言教学以培养汉语跨文化交际能力为目标。以跨文化交际能力为培养目标是全球化时代第二语言学习和教学的需求。跨文化交际意识和能力也是汉语教师应该具备的学科知识，汉语教师应该在课堂教学中进行跨文化教学设计。

关键词　跨文化交际；汉语国际教育；教学设计

汉语教学界已经有很多有识之士认为对外汉语教学的一个重要目标是培养跨文化交际能力。比如崔永华（2020）认为，汉语作为第二语言教学以培养汉语跨文化交际能力为目标，是当今人类社会发展对语言人才规格的需求，是二语教学法发展的必然。②

不仅国内外的对外汉语教学界，而且英语教学界也已经开始出现持续

---

① 李东芳，女，文学博士，北京语言大学汉语国际教育学部汉语进修学院副教授，老舍研究会理事、冰心研究会会员、世界汉语教学学会会员。主要研究方向：跨文化交际研究、中国现当代文学研究。

② 崔永华：《对外汉语教学的目标是培养汉语跨文化交际能力》，《语言教学与研究》2020 年第 4 期。

的呼吁声音——第二语言教学应该进行"跨文化交际能力"的培养。世界各国的外语教育政策与标准，"如美国《21世纪外语学习标准》《加拿大语言能力标准》《欧洲语言共同参考框架：学习、教学、评估》《中国英语能力等级量表》等，不难发现跨文化交际能力培养是外语教育的重要目标已成为广泛共识"①。

一、汉语国际教育的教学目标之一是培养跨文化交际意识与能力

培养跨文化交际意识和能力是国际理解教育的趋势。跨文化交际能力培养在国外语言学界已经受到高度重视，在欧洲一度被视为"全球公民教育"的有机组成部分。比如Byram（1997）指出，在欧洲，语言教学和跨文化教学是社会责任的一部分。跨文化和国际视角的互动，使得跨文化学习成为欧洲公民教育的重要内容。

世界公民教育，早期即国际理解教育，是1946年由联合国教科文组织提出的，后逐渐受到世界各国的重视。从国际理解教育的角度来看，汉语国际教育对于消除文化偏见，促进不同文化的对话，具有责无旁贷的责任。

跨文化交际能力还是全球化进程中国际化人才培养的必然需求。全球化时代的来临，使得外国学生学习外语的动机中，有更多的国际经贸交流与合作的需求，它决定了汉语国际教育应该以跨文化交际能力的培养为目

---

① 崔永华：《对外汉语教学的目标是培养汉语跨文化交际能力》，《语言教学与研究》2020 年第 4 期。

标。Kumaravadivelu（2008：4）认为："我们正处于一个快速全球化的世界，一个经济和文化快速全球化的世界。文化全球化与二语教学的关系远比我们迄今为止所认识到的更为复杂。文化全球化对英语作为第二语言/外语教学和教师教育有巨大影响。"秦希贞（2017：136）说得更加明确："如今，在全球化的背景下，越来越多的学者开始意识到外语教学的主要目标应该是培养学习者与目的语社区的人们交往和沟通的能力，即跨文化交际能力。"［转自崔永华（2020）］

外国留学生学习汉语的需求倾向于学习与多元文化进行交流与合作的跨文化交际能力。对来华留学生来说，他们对中国文化和中国人的生活感到好奇，想要进行探究和了解，是很多来华留学生学习汉语的动机。比如郑家平（2010）对2008—2009学年度140名来华留学生汉语学习需求的问卷调查和相关访谈结果显示，21%的汉语学习者，学习汉语的初始动机是了解和学习中国文化，部分学习者往往从事与文化和学术相关的工作或研究。而对更多的学习者来说，他们不仅对中国传统文化感兴趣，而且对中国当代的政治经济、时事和文化现象感兴趣。

跨文化交际能力还是国家形象构建和国家公共传播的重要途径。汉语国际教育本身就是国家形象构建和中华文化传播的重要阵地，所以培养来华留学生的跨文化交际意识和能力至关重要，留学生既是媒介和故事讲述者，也是传播者，是中国文化的诠释者和翻译者。来华留学生本身就是非常好的"讲好中国故事"的"说书人"，是将中国语言文化进行国际传播的良好媒介。

跨文化交际能力的培养也与汉语国际教育的"育人"目标相契合。李宇明指出汉语国际教育应该培养知华友华的留学生，这也符合世界公民教育的大潮流："培养留学生的目标是什么？大规模的留学生来华学习，国家应当有国际学生的培养目标。而这一目标的制定，需要在实践中摸索，需要将实践探索，不断进行理论总结。就以往我国的培养实践及当代国际人才培养目标来看，培养知华友华、有一定专业水平的世界公民，这个提法，或许具有参考意义。"而"世界公民是指具有国际公德、国际活动能力，能够为人类服务的人。世界公民教育是世界一体化、文化多元化的时代要求，很多国家都在教育目标中有类似的表述，而且这一提法也是切合留学生身份及其未来发展的。"①

跨文化交际能力的培养也符合目前国际汉语教学课程的总目标。《国际汉语教学通用课程大纲》规定的国际汉语教学课程的总目标是，"使学习者……具备语言综合运用能力。语言综合运用能力由语言技能、语言知识、策略、文化能力四方面内容组成。"也就是说，当前对外汉语教学界对汉语作为第二语言教学目标的基本主张是培养"语言综合运用能力"，其中"文化能力"由"文化知识、文化理解、跨文化能力与国际视野"三方面构成。"

跨文化交际能力的培养还符合对外汉语教学的教学目标。杨金成（2006）介绍了对外汉语教学培养目标的过程，引证了程棠、李杨、李世之、崔永华等各位专家的观点，指出跨文化交际能力在对外汉语教学中的重要性。郭风岚在《对外汉语教学目标的定位、分层与描述》中，引用施家炜（2000）的观点说："对跨文化交际意识的培养与增强是第二语言习得过程中一项应贯穿始终的紧迫的重要任务，它对于促进语言习得进程，提高学习者的语言运用与生成能力有不可忽视的作用"，进而得出结论："将培养跨文化交际能力明确作为对外汉语教学的培养目标，始终围绕这一中心是必须的，它不仅可以使我们倡导的对外汉语教学坚持'语言—语用—文化'三位一体的原则得到切实贯彻，而且还可以不断强化教师在进

---

① 李宇明：《转变来华留学生教育的观念》，《社会科学报》2016年8月23日。

行具体汉语教学任务实施过程中的跨文化教学意识，减少自身在教学中出现的跨文化交际失误。"

跨文化交际能力培养也是汉语国际教育中文化教学的重要内容。比如储诚志（2016）认为："就目前国际汉语教学的一般情况而言，其中的文化教学应该以培养学生的跨文化交际能力为中心。"

综上所述，当前国内对外汉语教学界已经对于"跨文化交际能力的培养"非常重视，但是对于在课堂教学实践中如何实施还远远没有提上日程。

二、跨文化交际意识与能力是汉语教师必备的"学科知识"

李泉（2002）指出汉语教学的学科理论基础主要包括5个学科：哲学、语言学、教育学、心理学、文化学。自从2021年提出"国际中文教育"这一专业名称后，汉语教师的知识结构再次引起学界瞩目。在《世界汉语教学》编辑部举办的"汉语国际教育知识体系的特色与构建研讨会"上，多位专家学者提出了汉语国际教育具有多学科交叉的特点，强调了包括中国文化知识在内的文化学知识等对汉语教师来说非常重要。郭睿（2015）首次提出，汉语教师的学科教学知识结构应该有四个部分：一是汉语学科内容知识，二是教育教学知识，三是有关学习者的知识，四是有关汉语教学情境的知识。

结合汉语作为第二语言教学这一学科的特点，汉语教师应该有清晰的角色转型，那就是向"反思型教师"和"转换型知识分子"靠拢，开掘汉语教师自身的反思能力与探索性研究、教学能力。

关于汉语教师的学科知识，不仅要具有扎实的语言学本体知识，还应该具有跨文化知识素养，避免对中华文化的"失语症"，应该具有中华文化解释能力，以及中西对比的分析能力。

关于汉语教师的跨文化立场，一方面要有明确的中华民族本文化价值观的坚守立场，因为很多汉语教师往往会对中国文化有所忽视。对中国文化知识的欠缺与对外国文化的深入了解之间形成的跨文化交际中母文化和异文化地位的失衡，会导致汉语教师自我文化身份和文化立场的模糊。在跨文化交际中如果无明确的自我文化身份意识，就无法保持与其文化身份相符的立场、观点、态度等。自我文化身份意识的缺失会反过来造成对自身文化的忽视甚至否定，致使其缺乏中国文化表达的动机。

另一方面，汉语教师要有多元文化训练，具备向留学生进行解释的文化"转译"能力。基于此，汉语教师就要在对外汉语教学中摒弃狭隘的民族主义，同时也摒弃潜在的文化自卑感，承认和接纳文化的多元性，承认文化之间的平等和相互影响，打破西方文明作为强势文化在思维方式和话语方面的垄断地位。同时要引导和帮助学生走出狭隘的"文化封闭"（cultural encapsulation），使来自不同文化背景，不同种族和不同宗教信仰，不同国家和地区的人们之间相互理解和相互宽容，消除由于国家、文化带来的心理隔阂。

除了自身的跨文化知识素养，汉语教师还应该具有培养学生跨文化交际能力的教育学知识。在课堂教学的设计中能够让留学生将中国现实与自己国家的文化现象进行对比和解读，并且让学生具有发现和提问的能力（学会用中文怎么去提问；并且有能力获得有关中国文化的知识；有能力去动手操作，比如访问调查法）在课堂教学中要培养学生的跨文化交际意识和跨文化交际能力，使学生参与到文化学习的过程中，能够对文化现象进行"描述—分析—比较—反思"，将语言学习目标和文化学习目标叠加，从而实现培养留学生的跨文化交际意识和能力。

总体上来看，汉语教师应该是"媒介"角色，也引导留学生成为"媒介"，思考和得出相对客观的结论。引入批判性思维，让学生学会反思：比如，为什么我会这样看中国？为什么我会对这个问题比较感兴趣？评价一个文化现象，应该秉持什么样的标准和尺度？为什么我会界定这些是"好"的行为，这些是"坏"的行为？我看待问题的角度是谁赋予的？有没有"模式化的成见"（刻板印象）？

汉语教师通过对留学生进行跨文化交际能力的培养，不是使得一个外国人变成一个中国人，不是使他变成一个native speaker；而是让他成为一个cross-cultural speaker，或者说是一个"文化协调者"。

三、什么是留学生的跨文化交际能力？

什么是留学生的跨文化交际能力？首先看一下它在欧洲和美国语言教学的标准中是如何界定的。《欧洲语言共同参考框架：学习、教学、评估》（Council of Europe 2001）认为"跨文化能力与技能"包括：（1）在本国文化与外国文化之间建立联系的能力；（2）对文化意念的敏感性，能够辨别并运用不同策略与异域文化的人进行交际的能力；（3）在本国文化和外国文化之间扮演文化中介角色的能力，并能有效处理文化误解和冲突；（4）超越表面的刻板印象的能力。

美国《21世纪外语学习标准》（ACTFL 1999）将跨文化交际能力描述为："能够在不同场合中与其他文化的人们进行交流，看待事物的视野能够超越习惯的界限，能更深刻地洞察自己的语言和文化，行动时，对自己、对其他文化、对自己与其他文化的关系有更强的意识，有获得知识的途径，更充分地参与全球社会和市场。"

关于"跨文化交际能力"的说法有多种（转自崔永华，2020）：

第一种是"跨文化交际能力"。国内对外汉语教学界和英语教学界多采用"跨文化交际能力（intercultural communicative competence，简称 ICC）"的说法，比如《国际汉语教学通用课程大纲》（孔子学院总部、国家汉办编，2014）和《义务教育 英语课程标准》（中华人民共和国教育部编，2017）。

第二种是"多元文化能力"。《欧洲语言共同参考框架：学习、教学、评估》（以下简称"欧洲框架"）将其称为"多元语言、多元文化能力"。

第三种是"跨文化理解"。

美国《21世纪外语学习标准》多处将其称为"跨文化理解（intercultural awareness）"。

在学界的跨文化研究中，对于跨文化交际能力的核心要素也有一定的共识，主要有以下几种说法：（1）Lustig & Koester（2007）认为："跨文化能力需要足够的知识，合适的动机以及训练有素的行动。这些要素中的任何一个都不足以独立获得跨文化能力。"（2）毕继万（2005）认为，跨文化交际能力包括语言交际能力、文化适应能力、规则转化能力、语言规则、非语言交际能力。（3）Byram在1997年，在他本人1995年提出的跨文化交际能力包含的四要素的基础上，又补充了一个要素，综合起来就是：

——知识：了解自己和对方所在的文化群体的习俗、产品以及社会交往的一般程序等方面的知识。

——态度：具有好奇心和开放意识，悬置对自己文化的深信不疑和对其他文化的不信任。

——解释和关联的技能：能够解释其他文化的文献和事件，并能够联系自己文化的文献进行解释的能力。

——发现和交往的技能：指能够获得有关一种文化及其习俗的新知识

的能力，以及在实际交往中运用知识、态度和技能的能力。

——批判性的文化意识：指的是对自己文化和其他文化的明确标准、视角、习惯和产品的批判性评价能力。

（4）文秋芳（2004）认为：跨文化交际能力包括交际能力和跨文化能力两个部分。交际能力包括语言能力、语用能力和变通能力；跨文化能力包括对文化差异的敏感、对于文化差异的容忍以及处理文化差异的灵活性。如下图：

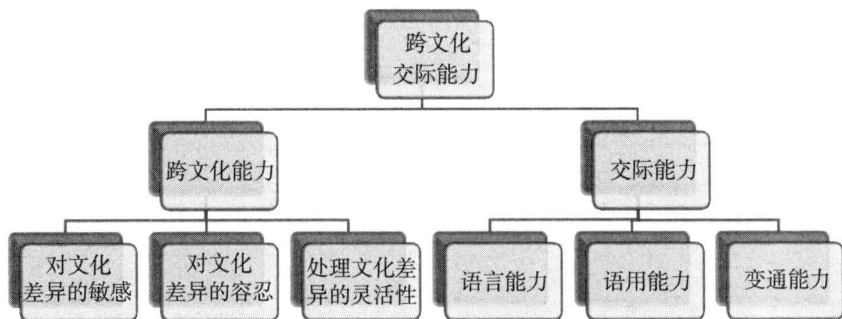

```
                    ┌─────────┐
                    │  跨文化  │
                    │ 交际能力 │
                    └─────────┘
              ┌───────────┴───────────┐
         ┌─────────┐              ┌─────────┐
         │ 跨文化能力 │              │  交际能力 │
         └─────────┘              └─────────┘
      ┌──────┼──────┐          ┌──────┼──────┐
  ┌──────┐ ┌──────┐ ┌──────┐  ┌──────┐ ┌──────┐ ┌──────┐
  │对文化 │ │对文化 │ │处理文化差│ │语言能力│ │语用能力│ │变通能力│
  │差异的 │ │差异的 │ │异的灵活 │ └──────┘ └──────┘ └──────┘
  │敏感  │ │容忍  │ │性    │
  └──────┘ └──────┘ └──────┘
```

总体上而言，在汉语国际教育的范畴中，跨文化交际能力基本上可以概括为让留学生具有了解汉语语言与文化的能力；具有了解中国文化产品特点和重要的文明成就的知识；具有能够理解中国文化行为和习俗，培养与中国人进行得体交往与沟通的交际能力；具有理解中国文化的价值观和态度；具有理解中国文化并与自身文化异同对比和分析的能力；具有以跨文化意识对待中国文化乃至对不同文化开放，尊重和移情的态度；具有对他国文化自主学习的能力。

四、如何进行以跨文化交际能力为目标的教学设计

相对于培养跨文化交际能力的重要性，汉语教学界无论是对于教材中"跨文化知识内容"的研究，还是关于跨文化交际培养教学的讨论，关于"跨文化交际能力培养"在操作层面都还没有引起足够的重视："汉语教学中的文化或跨文化内容基本还是在知识、意识层面，缺乏跨文化交际行为、技能、能力的学习和训练。"（崔永华，2020）

笔者认为，跨文化交际能力培养（简称跨文化教学）其实是一种操作性很强的程序性知识。（李东芳，2017）

跨文化教学操作程序	详细说明
描述文化	你描述一下，发生了什么事情？你能概括这些文化现象和文化行为有什么特点吗？
参与文化	中国人是怎么做的？ 中国人在什么情况下这样说，这样做？ 这种行为的得体和礼貌方式是什么？
解释文化	你知道你使用的这个词的文化含义吗？ 你知道这种行为的文化含义是什么吗？ 你怎么样解释这种文化现象的原因？ 这种现象或习俗表现了什么文化观念？
比较文化	在这样的情况下，你会说什么，怎样做？
有意义的协商	你通过调查研究发现了什么？（包括对自己本国文化的反思）（注：让学生获得一种新的能力，而非生硬改变其身份认同）

下面以《成功之路 提高篇》为例，以培养留学生的跨文化交际意识为目标，进行几篇课文的教学设计：

——《谁是最辛苦的人》，内容是有关中国的小学教育的一些问题。教师可以引导留学生如何看待课文提供的中国小学教育问题。基于以下态度进行引导：一是任何教材描述的场景与情况都只是暂时性而非永久性的。

任何问题都是动态性变化的，不能让留学生通过一篇课文形成新的"刻板印象"：中国小学教育一无是处。二是探究式学习。引导学生对于中国国情进一步了解和探究。比如针对课文中涉及的中国教育的问题，既可以将各国小学教育进行对比分析，也可以引导学生探究中国小学教育在不同地区、不同家庭的"个体差异"，然后以"第三方态度"让学生得出自己的结论。

——《一个北京家庭的一天》，内容是介绍了一个普通的北京人家庭的一天生活。如果学生对于课文中的女性地位感兴趣（课文中的妻子既是一个敬业的职场精英，又能够回家相夫教子，可以说是家里家外一把手），就可以引导学生结合本国文化，探讨当今时代女性地位以及社会分工和家庭角色。

——《熊猫爸爸潘文石》的跨文化教学目标可以定为：探讨工作与生活的平衡关系以及工作的动机。

试想如果教师没有跨文化交际意识，就可能会进行单向文化价值观的输出：比如了解潘文石的追求理想，一心奉献的高尚品德。但这是不符合跨文化意识培养的宗旨的，因为跨文化交际培养旨在提供"第三方立场"，并不是单一向度的文化价值输出，而是在尊重不同国家的文化价值观的基础上，使学生具有跨文化理解和交流的意识。比如在有的文化的价值观里，一味工作，没有生活乐趣和陪伴家人的时间，其实是一个男性缺乏家庭责任感的表现。另外，课文中提到潘文石在秦岭进行科研工作条件艰苦，也是很多外国学生不能够接受和理解的。

具有跨文化意识的教学应该秉持的立场与原则是对话性和探讨性，在课堂上教师和学生都应该具有开放和包容聆听的姿态。

——《父亲的实验》也是学生很有兴趣的一篇课文。内容涉及一个普世性的话题：一个人遇到困难，面临艰难处境时，是变得软弱，还是坚强，乃至可以改变环境？这篇课文能够让学生体会到文化差异固然是明显的，但是其实人类更有很多共同的价值诉求。所以跨文化意识的培养一方面是培养学生具有文化对比、分析和反思的态度，一方面更是培养学生具有"求同尊异"，进行"文化融通"的能力。

　　——《给儿子起名字》一课涉及丰富的中国文化知识。其中一个明显的文化差异是：中国人起名字由于尊敬长辈，不能和长辈重名。而很多学生说在他们的文化里，由于一定要表示对长辈的纪念和尊重，所以要和长辈重名，这个话题涉及家庭中长幼有序的伦理关系。通过文化差异的对比，使得学生认识到不同文化的行为方式和礼俗是大相径庭的。

　　——《我叫姚明》一课中跨文化的知识点非常丰富。可以说以跨文化交际为目标的教学设计就是利用现有的语法点，设计情境，训练和培养学生的跨文化交际中的知识文化与交际文化。

　　比如"权力距离"。权力距离是指社会地位低的人对社会上权力不平等分布的接受程度。在权力距离大的文化中，辈分、年龄、官职、学历等构成了等级关系，人们对等级非常敏感；在权力距离小的文化中，不平等被尽量淡化。比较明显的反映是在称呼语上，比如在很多西方国家，经理会让员工直接称呼自己的名字。

　　笔者借助于一个语法点进行了设计："没有A就没有B"，表示二者互相依存的关系。有了A，才有了B，教师设计了如下情景——

　　在一个公司的酒会上

　　员工说："公司开业三年了！没有您就没有公司的今天。感谢您！干杯！"

　　经理说："哪里哪里！没有大家的努力就没有公司的今天。"

意大利、西班牙、德国学生都说：经理似乎在中国是很"厉害"的人。

笔者趁机借助下表[1]解释了在中国，经理和员工之间的"上下级关系"，是由于中国人秉持"权力距离大"的文化价值观。

权力距离小的文化	权力距离大的文化
强调平等关系	强调上下级关系
重视个人的能力	重视年龄、辈分、头衔、等级
交往中，比较平等	交往中，比较不平等
开会常常不太正式	开会常常很正式
征求下级的意见	上级发布任务

这个环节可以让学生对"上下级关系"中"权力距离"有所了解，为下面的"个人主义"和"集体主义"的价值观对比进行了铺垫。

课文原文中有这样一段："中国人强调集体的荣誉，整个国家的荣誉。我希望人们从我在NBA的努力中能看到这一点。我也希望祖国的人民看到：一个人心中能装着祖国，同时又能在世界的舞台上展现个人风采。"

在跨文化交际理论中，个人主义与集体主义是区别不同文化价值观的重要文化尺度。荷兰心理学家Hofstede曾经总结了4种文化尺度："个人主义与集体主义""权力距离""男性文化与女性文化""不确定性回避"。

个人主义与集体主义是比较中西方文化的核心理论框架之一。个人主义价值观把个人看作独立的存在，突出自己的权利、独立性，自我实现和隐私；而集体主义价值观则把个人视为集体的成员，强调个人对集体的归属。对于中国人来说，集体归属感是非常重要的价值感来源。

---

[1]　参考祖晓梅：《跨文化交际》（外研社，2015 年）中《第三章价值观与文化模式》，第 61 页。

笔者认为，这是一个可以设计跨文化交际意识的"文化点"，于是在"课文理解"环节，设计了2道阅读理解题——

（1）环节一：如果你代表你们国家参加国际比赛，获得了第一名，你认为这是你个人能力的体现，还是国家的培养？

在7位学生中，6位均回答认为："主要是个人的能力的体现。"（这6位学生的国家分别是：意大利、俄罗斯、西班牙、德国、英国、捷克）只有一位学生认为："一方面是个人能力的体现，另一方面也有父母的培养、国家教育的影响。"（这个学生是巴基斯坦人）

（2）环节二：教师简单介绍了中国人关于"集体主义"的价值观，即个人多数从家庭、单位、国家寻求归属感，所以首先会将个人成绩归功于国家和集体的培养，其次才会认为是个人能力的体现。

（3）环节三：怎么理解姚明的这句话："一个人心中能装着祖国，同时又能在世界的舞台上展现个人风采。"

由于以上环节一和环节二的铺垫，学生们对于中国人"集体主义"的价值取向有所了解。

关于"国籍"和"爱国主义"的关系

课文："我很自豪我是一个中国人，我很自豪我在中国学会了打篮球。我从没想过要改变国籍，当我的NBA生涯结束后，我会回中国生活。"

一个西班牙学生说："老师，在我看来，虽然改变国籍，但是可能还是很爱自己的国家的。我们国家有很多人因为要去别的国家工作和生活，或者结婚，所以就算改变了国籍，也还是很爱自己的国家的。"

一个意大利学生问："老师，在中国非常注重民族主义吗？就是强调只爱自己的国家，是吗？这让我很不安。"

笔者的回应是："中国国家主席习近平提出了'共同构建人类命运共

同体',认为各个国家是相互联系和相互依存的,所以中国人爱自己的国家,同时与世界各国和平发展,合作共赢。"这个意大利学生对于教师的回应表示满意。

经过笔者一个学期的跨文化教学设计,学生明显增强了跨文化意识,学习到一些基本的跨文化交际能力。比如:

一个爱尔兰学生做了一个口语报告,借助一部中国电影《别告诉她》,探讨了家里有一个患有绝症的奶奶,家人是不是有责任告诉她病情真相的话题。她认为基于"真实"的原则,应该告诉奶奶,而这是对奶奶的最大的爱和尊重。同时她说又理解中国人的原则,是以"情感"和"关系"为原则,所以中国人不告诉奶奶,认为这样会保护奶奶免于恐惧,而这是爱奶奶和尊重的表现。这个学生说对此差异她都能够理解。从这个案例可以看到,学生已经自觉地从文化对比的角度学习中国文化,削减"刻板印象"。

一个捷克学生一开始上课总是对老师"直言不讳",后来学会了"礼貌用语",懂得如何礼貌地与教师进行沟通和交流。

一个巴基斯坦学生在班级微信群中,没有征得同班一个俄罗斯女同学的同意,出于开玩笑和善意,将该女同学的照片发到班群里,使用学习的生词造句——"她很美,代表了我们班的风采"。经过教师提醒是否应该考虑不同文化的差异(俄罗斯同学对于使用自己照片,以及对于这种表达方式是否介意),该巴基斯坦同学马上向该俄罗斯同学致歉,该俄罗斯女同学表示接受。

以上是笔者的一点建议与尝试,希望汉语国际教育能够将跨文化交际意识与能力的培养,引入课堂教学的实践操作与实施中,笔者深信,这将成为未来对外汉语教学的崭新方向。

参考文献

［1］崔永华（2020）《对外汉语教学的目标是培养汉语跨文化交际能力》,《语言教学与研究》第4期。

［2］郭风岚（2007）《对外汉语教学目标的定位、分层与描述》,《汉语学习》第5期。

［3］李宇明（2016）《转变来华留学生教育的观念》,《社会科学报》8月23日。

［4］李东芳（2017）《浅议对外汉语教学中跨文化交际能力的培养》,《汉语国际教育学报》第2辑，科学出版社。

［5］郑家平（2010）浅谈初级汉语综合课教学中的文化因素,《对外汉语综合课课堂教学研究》，北京：北京语言大学出版社。

［6］祖晓梅（2015）《跨文化交际》，北京：外语与教学研究出版社。

儿歌特点及其在对外汉语教学复练中的作用初探

吕欣航①

提　要　由于新型冠状病毒疫情的全球暴发，世界各国学习汉语的学生无法像之前那样顺利来华正常上课，线上教学成为新形势下的主要对外汉语教学方式。因而，很多汉语初学者无法浸入式体会汉语的实际应用环境，这对他们的学习效果造成了一定的负面影响。本文从汉语初学者复练的角度出发，对中国儿歌童谣的分类、所用词汇及语法等语言学特点进行分析研究，探索其作为复练内容的可行性，以期从一定程度上对初级汉语教学有所助益。

关键词　儿歌；初级对外汉语教学；复练

一、引言

自2020年1月30日世界卫生组织将新型冠状病毒疫情列为国际关注的突发公共卫生事件以来，很多国家都受到了疫情的影响。在这种国际大环境下，来我国学习汉语的留学生人数大幅度下降，很多想要学习汉语的学

---

① 吕欣航，女，硕士，北京语言大学汉语国际教育学部汉语进修学院讲师，研究兴趣和研究方向：对外汉语教学初级阅读，汉字教学及词汇习得。

生都只能选择线上课程。

相对于已经有一定基础的中高级汉语学习者来说，零起点等初级汉语学习者，由于对汉语以及中国文化的了解有限，在面对线上教学时，会有更大的挑战。而且，往年能够到中国来学习汉语所能获得的汉语的浸润式语境的帮助，以及在参与现场课堂学习时通过教师的教学互动以及同学之间的互相交流达到加深学习印象，强化学习效果的优势，都因为疫情的原因而受到影响。

作为一名对外汉语教师，面对现有的教学大环境，不免希望探寻一些能对学生有所帮助的教学补充。针对初级汉语学习的学生现状，如何帮助他们尽可能地得到更好的练习和帮助，成为我思考的问题。儿歌的内容比较简单，用词也大多以常用词汇为主，且其形式多样，内容涉及我国很多民俗文化，带有浓浓的中国味，尤其是一般的儿歌都具有合辙押韵、朗朗上口的特点，可以大大降低初学者的学习难度，对提高初学者的学习兴趣也能有所帮助。

因而，笔者收集整理了一定数量的儿歌童谣，从语言特点的角度对其进行分析，对其作为目前对外汉语初级教学的复练资料的可行性进行研究，希望能为当前形势下的初级对外汉语教学有所助力。

二、儿歌概述

我国儿歌在长期流传过程中，经过一代又一代人自觉或不自觉的润色加工，逐渐形成多种备受幼儿喜爱的特殊的艺术样式。它们至今仍是儿歌作家们从中汲取营养、学习借鉴的样式。常见的儿歌样式有如下几种。

与音乐结合的摇篮曲，歌词简短，含义单纯，节奏舒缓，音调柔和动听，抒情性很强；幼儿游戏玩耍时念唱助兴的游戏歌中使用了大量的动词，往往还具有过程性，运用了不少连接副词；训练幼儿数数能力的数数歌，把比较枯燥乏味的数字，巧妙地跟一定的情节联系起来，进行了押韵，能帮助读者很快地记忆背诵；幼儿自我娱乐时所唱的"娱情歌"都是即兴编出来的，虽然歌词充满了童真和童趣，但内容不具备逻辑性。这几种儿歌往往内容过于简单，不适合拿来作为语言练习的材料。

用问答的形式来叙述事物、反映生活的问答歌，以"顶针"的修辞手法结构全歌（将前句的结尾词语作为后句的开头，或前后句随韵粘合，逐句相连）的连锁调，以及故意把事物的本来面目颠倒过来叙述的颠倒歌，往往由于内容不够严谨，很容易造成初学者对汉语及中国文化的误解，也不适合作为练习的语料。

然而，把一些发音容易混淆的字连缀成有一定意义的儿歌的绕口令，有意地将若干双声、叠韵词汇或发音相同、相近、容易混淆的字组合在一起，形成一种读起来很绕口但又妙趣横生的语言艺术。这种独特的语言艺术，有着独特的功能，它能矫正发音，是进行语音训练的极好辅助。

字头歌的每句尾字几乎完全相同，多以"子""头""儿"作为每句结尾，句式整齐，节奏清脆，不仅把动词、数字和量词组织其中，而且有完整的情节结构和生动的形象描写；辅助儿童认识事物、通解道理的知识歌和让孩子知晓一定生活道理的育子歌，内容包罗万象，非常丰富。包含各种名词、形容词等描述性词汇较多，有些还包含很多对中国文化中伦理道德等知识的浅显表述。采用寓意的手法，抓住谜底与谜面间的某种联系，以歌谣形式叙说现象或事物的特征的谜语歌，往往把一些容易接触到的事物的特征（如动植物、自然现象、日常用品、人体器官和社会生活等），用一种明快、生动而又富有韵律的语言描写出来，让人去猜想，也很适合作为词汇扩充和训练的辅助材料。

三、儿歌的语言特点分析

儿歌语言生动，简洁明快，形式活泼，韵律响亮，朗朗上口，幽默风趣，童趣盎然，鲜明生动，它集知识性、趣味性、实践性于一体，深受孩子的喜爱。总体来看，儿歌内容浅显，主题单一，所涉及的词汇意群指向性明显；常见儿歌篇幅短小，一般只有短短的四句、六句、八句等，且结构简单，每句组成的字数有三言、四言、五言、七言等，因而好懂易记；众所周知，几乎所有儿歌都合辙押韵，韵脚相应，节奏明快、声调活泼，富有音乐性，适宜诵唱。

3.1 语音特点

合辙押韵，韵脚相应。押韵是儿歌最突出的语音特点。几乎没有一首儿歌是一点韵都不押的。有的儿歌每句押韵，有的儿歌部分押韵，有的儿歌中途换韵。除了句尾押韵之外，还有一部分儿歌是押句前韵的。押韵使得儿歌韵律和谐，读来朗朗上口，好读易记。

常用叠词叠韵。儿歌常常采用叠音词、双声词、叠韵词，以加强语言的音乐性，如：

月亮圆圆，像个盘盘，我要上去，找你玩玩。星星亮亮，好像明灯，我要上去，拿你照明。天河长长，好像长江，我要上去，坐船逛逛。

——《春天》

表现出汉语语言的音响美、回环美与活泼生动，听起来悦耳，念起来朗朗上口，易念易记易传，契合语言学习需反复记忆的特点。

多用儿化和轻声。汉语音系有儿化和轻声，儿化不仅有语法作用，而且还给语言带来了柔美感、亲切感。普通语中轻声较多，轻重配合使声音和谐动听。

韵律优美，富有音乐性。儿歌具有节奏鲜明、音韵和谐流畅，使人回味无穷的特点。这种韵律美产生很强的音觉效果，富于音乐感和趣味性，给人愉悦感和美感，能增强语言的感染力，突出语言的表达效果，具有很高的审美价值。

儿歌的音乐性主要体现在由文学语言语音手段所形成的丰富和谐的节奏和韵律上。回环的音韵、错落的节奏，使儿歌优美动听、富有情趣。节奏与韵律的使用，让儿歌的语言富有生命与运动感，使其像流动的音乐一样，给人一种美妙的感觉与愉快的心情，从而达到传递感情、引起注意、增强记忆的效果。

3.2　词汇特点

儿歌的词汇丰富，其中出现最多的词汇是名词。名词包含了人物类、动物类、植物类、自然事物类日常生活用品类、日常生活环境类等。

儿歌中的词汇都是简单朴素的，没有艰深和不常用的词语。

儿歌使用词类频率的高低顺序接近于习得词汇的顺序。

儿歌中的词汇多为名词，而且是与日常生活有关的具体的名词，如生活用品类、人物类、动物类、植物类，还有一些表示自然现象的词。其次是动词，再次是形容词，有少量虚词。这一点与初学者先掌握实词，后掌握虚词，其中实词中最先和大量掌握的是名词，其次是动词，再次是形容词，而后是其他实词如副词、代词、数词；虚词如连词、介词、助词、语气词等，习得、掌握词汇的顺序接近。

3.3 表现手法（修辞方式）

儿歌中的拟人构成简单、单纯，语义表达也浅显明了，初学者易于理解和接受。例如：

小小伞兵蒲公英，飞到东来飞到西，/飞到路边田野里，安家落户生根茎。/

——《小伞兵》

把蒲公英比拟成一个小伞兵，其中的夸张、起兴、摹状等修辞手法也都是与很具体的实际生活中的现象相结合，也很容易理解；反复是儿歌的重要形式特征，起强调作用，深化语义，强化感情，用以吸引听者；营造回环往复的音乐美，使话语回环复沓、增强韵律；具有一定的语段衔接或照应作用；设问和排比，也是儿歌常用的修辞手法，相较于顶针和对偶的修辞手法，更贴近于现代日常使用习惯。

四、儿歌在汉语初级教学复练中的作用

4.1 对初学者的听力可以起到强化作用

首先，儿歌的语言是易于理解的浅显、口语化和规范化的语言，句式简单，节奏鲜明流畅。其次，儿歌的篇幅短小，大多数儿歌只有4~8句，

字数在20~30个字左右，且有大量的重复出现的词，生词量小，使得初学者在练习听力时易于理解掌握，不会有太大压力。另外，在听儿歌的同时易于形成良好的语音、语调，增强节奏语感。

4.2 可以帮助初学者训练正确的读音，有效矫正错误的读音

儿歌易于反复吟诵，各种重生叠韵的语句设计，朗朗上口，《对外汉语初级教学大纲》中要求的儿化、轻声等语音知识在儿歌中都有丰富的体现；尤其是绕口令儿歌可以通过将声母、韵母或声调极易混同的字，组成反复、重叠绕口的句子，往往在诵读一个意思简单明了且充满童趣的儿歌的同时，把各种容易混淆的相似读音都练习一遍，在加强练习效果的同时又不觉枯燥乏味，提高初学者的学习兴趣。

4.3 可以帮助初学者快速增加词汇，丰富语言知识

在《对外汉语初级词汇大纲》中所规定掌握的2800个词汇，很多都在儿歌中有所体现，而且儿歌由于主要针对儿童而设计，内容往往贴近日常生活，对于汉语初学者来说练习诵读儿歌不失为一个练习日常用语的好方法。童谣中的语汇多由简单的名词以及单音节动词和形容词构成，这样对词汇基础比较薄弱的初学者来说更易于理解和掌握。

4.4 创设语言环境，增加语言积累

儿歌题材广泛、内容丰富，涉及生活的方方面面。很多儿歌是对我国

各种节日和民俗活动的直观描述，可以帮助初学者在语言练习的同时对中国文化有更多的了解；儿歌的表述基本都是符合我国语言表达习惯的，更方便初学者体会汉语语言的表达特色。

五、结语

通过以上分析，笔者认为在对外汉语初级教学的复练环节，可以有选择地加入合适的童谣材料，这样可以带给初学者对中国文化更多的理解和感悟。当然，在复练中所加入的童谣需要经过精心筛选，不仅要选择贴近课程知识点的内容，也要从节奏美感、音韵美感的角度进行筛选。

总之，笔者希望，通过更多的练习资料的介入，可以在现有的网络课程教学的条件下，探寻更多的对外汉语初级教学练习的有效方法，取得更好的教学效果。

参考文献

［1］蒋风（1982）《儿童文学概论》，安徽人民出版社。

［2］黄云生（1996）《儿童文学教程》，浙江大学出版社。

［3］宋祖建（2007）汉语语言文学的韵律特征探究，《双语学习》第7期。

［4］曾志平（2003）传统儿歌魅力探源，《成都师范高等专科学校学报》第3期。

［5］韦宏（2006）儿歌的艺术魅力，《大庆师范学院学报》第3期。

［6］唐露萍（2007）儿歌在儿童早期言语发展中的作用浅析，《咸宁学院学报》第5期。

［7］陈莎莉（2002）试论幼儿文学创作中比喻的运用，《云梦学刊》第5期。

在跨文化传播语境中构建"可沟通的中国"

——以《中国文化》课程思政项目为例

陈　莹[①]

提　要　汉语国际教育是跨文化传播的重要渠道之一。如何在汉语国际教育中将具有中国特色、体现中国精神、蕴藏中国智慧的优秀文化传播出去具有重要的意义。本文以《中国文化》课程为例，从他者视角的思维方式，寻求能形成广泛共识的中国故事，并结合历史或时代语境进行文化互动。在尊重相异文化的基础上，增强互惠性理解，减少文化冲突与矛盾。最终在跨文化的语境中构建"可沟通的中国"，促进中国与全球的信任连接和价值认同。

关键词　跨文化传播；中国故事；互惠性理解

汉语国际教育是跨文化传播的重要渠道之一。广大的汉语学习者是文化交流中的积极力量，也是知华友华的国际舆论朋友圈的中坚力量。因此在汉语国际教育中将具有中国特色、体现中国精神、蕴藏中国智慧的优秀文化传播出去具有重要的意义。将思政内容融入汉语国际教育的文化课程中，在跨文化的语境中构建"可沟通的中国"，可以有力地促进中国与全

[①]　陈莹，女，北京语言大学汉语国际教育学部汉语进修学院讲师。研究兴趣：文化教学与跨文化交际。

球的信任连接和价值认同。

本文以《中国文化》课程思政项目为例，分析如何在跨文化传播语境中构建"可沟通的中国"。《中国文化》课的教学对象是来自世界各国的留学生。学生们自身的文化背景与中国差异极大，普遍对异文化"输入"有警惕的心态，有些国家的媒体还惯于戴有色眼镜看中国崛起，给学生造成了很多负面影响，这一切都给构建"可沟通的中国"提出了巨大的挑战。

本课程主要从三个方面来解决上述问题。

一、从他者视角的思维方式，寻求能形成广泛共识的中国故事

外国学生是从他者的视角来感受中国文化的。他们习惯于以自己的方式来解读中国，在讲述中国故事的时候，尽量选择能形成广泛共识的话题。例如贫困是一个全球性的问题，世界各国都高度关注这个社会问题。同时外国学生对中国的多元民族文化充满了好奇，渴望了解当代中国。本课程在介绍"中国的少数民族"时让外国学生观看"侗寨七仙女电商扶贫"新闻视频。该新闻是由《中国日报》的外国记者采访的，外国学生有一种天然的亲近感。新闻中侗寨美丽的自然风光、独特的民俗风情让外国学生对中国的少数民族有了直观的认识，满足了他们对异国文化的好奇。而"电商""扶贫""短视频""带货"等热门新词又极大地激发了学生语言学习的热情，同时也让他们看到了当代中国的巨大活力。更为重要的是，这是以双重框架来讲述中国故事。一方面这是世界故事的一部分，中国的脱贫是对世界对抗贫困的巨大贡献，这种可持续发展的脱贫方式为解决人类问题贡献了中国智慧；另一方面这是有中国特色的故事，在驻村第

一书记的带领下，放弃走传统脱贫的路子，以"短视频带货"的模式实现脱贫。这是中国特色社会主义实践的重要内容，集中体现了中国道路独特的魅力。

在寻求中国故事时还需要考虑传递人类共通的情感。共通情感是联系中外文化差异的纽带，同时也是达成人类命运共同体的路径。本课程在介绍"中国人的姓名"时就将亲情与代际文化传承作为讲述中国故事的主线：中国人名字中为什么会有代代相传的"字辈谱"？中国小学生为什么还在诵读古老的《百家姓》？海外华人家门口为什么贴着寻根溯源的姓氏联？什么是中国人引以为傲的好"家风"？将这些问题串联在一起，就能发现中国文化的向心凝聚力。本课还利用公益纪录片《中国人的名字》全景式展现中国人姓名中的家国情怀。例如为纪念抗美援朝而捐躯的父亲，起名为"援朝"，这是中国人非常独特的起名方式。在课后文化实践中，学生们看了一则新闻，援助武汉的年轻医生为了抗击疫情错过了宝宝诞生的重要时刻，他为儿子起名叫"援鄂"以纪念这段不平凡的人生经历，这令学生们非常感动。他们通过采访身边的中国人名字的故事来深入了解中国社会。该课程还让学生讲述了自己中国名字背后的故事，让他们回忆起自己融入中国社会的温馨过程。在提到给自己起名的中国老师、中国朋友时，学生们都很动情。还有学生表示，随着自己对中国文化有了较深的了解，这才慢慢理解了自己中国名字的文化内涵。此时，情感的共通自然地过渡到了文化的共识。

二、结合历史情境或时代语境进行文化间的互动

在介绍中国文化时，外国学生常常会有距离感。此时结合历史情景或

时代语境进行文化间的互动就很有必要。例如在介绍中国的节日文化时，通过实践活动"天涯共此时"让学生进入特定的情境来理解中国人的所思所想。具体的活动如下：

（1）在中秋节这天，望月赏月，拍下一张你觉得最美的月亮的照片，并述说让自己感动的原因。帮助学生理解中国人的家国情怀。

（2）中秋之夜，和家人团聚，为他们朗诵一首关于月亮的中文诗词，并向他们介绍这个美妙的中国节日。鼓励学生学习中国优秀传统文化，自发地讲述中国故事，传播中国文化。

（3）给中国朋友发去中秋祝福。在跨文化交际的实践中知华、亲华、友华。

（4）口头报告：请学生讲述海外的中秋节，分享中华文化对世界的影响。

在疫情期间，学生在世界各地体验"中秋赏月"，在线上分享这种新鲜的文化感受，有了穿越时空之感，理解了什么是"天涯共此时"，古老的诗歌与陌生的文化变得格外亲切。他们的家人与朋友也成为了中国文化的辐射群体。

三、尊重相异文化，增强互惠性理解，减少文化冲突与矛盾

在疫情期间，人类社会突然陷入紧张的状态，世界范围内的不信任感，甚至是敌对情绪蔓延开来。但同时人类也开始反思，共同的灾难推动人类对命运共同体的认识。互惠性理解与沟通成为可能。例如在学习孔子的思想时，一些外国学生提出了儒家强调社会秩序的原则可能使中国在处

理新冠病毒大流行的危机方面取得了巨大成功，后来被许多国家效仿。这样的讨论互动使得各国的学生在差异中明确自身，形成的不是优越感，而是相互尊重与理解。

在本课程的教学过程中，有一位欧洲学生写了一篇关于新疆维吾尔族人生活的报告，报告中所有的资料均源自海外媒体的恶意捏造。在交流过程中，老师直截了当地指出了那些报道是有偏见的，自己完全不同意这一观点。老师向学生讲述了自己在新疆的亲身经历，并转述了新疆朋友的真实感受。学生非常感激老师能直言相告，承认了自己使用的材料单一，带有偏见，并主动撤回了报告。从这里可以看到，学生是因海外媒体的虚假报道而对中国产生了误解，甚至反感。此次经历也让外国学生重新审视本国媒体的公正性，更加尊重相异文化。文化课程促进了文化的交流，收获了信任。

此外，在跨文化传播的语境中，既要讲述中国故事，也要聆听他们的声音。例如本课程专门选取令外国学生比较困惑的《愚公移山》的故事，与学生讨论中国神话中所蕴含的核心价值观对现代中国的影响。理解"中国速度"背后的"实干精神、奋斗精神、进取精神、大无畏精神"。

总之，运用各种生动感人的事例，努力塑造可信、可爱、可敬的中国形象。让外国学生觉得中国是可沟通的。让他们聚焦中国道路，感受中国的自信与包容，从中国故事的倾听者变为讲述者和传播者。

参考文献

［1］李汇群（2021）在跨文化传播语境中讲好脱贫攻坚故事，《对外传播》第4期。

［2］肖珺、张毓强（2021）互惠性理解：当前跨文化传播实践与理论问题的探讨 《对外传播》第3期。

［3］徐明华、李丹妮（2019）情感畛域的消解与融通："中国故事"跨文化传播的 沟通介质和认同路径，《现代传播（中国传媒大学学报）》第3期。

［4］赵建国（2019）论共识传播，《现代传播（中国传媒大学学报）》第4期。